DE L'AUTORITÉ,

OU

DU DROIT ET DU DEVOIR

DANS LA SOCIÉTÉ,

PAR

A. DUBOIS.

Hunc saltem everso juvenem succurrere seclo
Ne prohibete..............

Laissez au moins à ce héros le temps de relever
les ruines de la patrie.

———

La grâce de Dieu et la volonté nationale.

PARIS

VATON, LIBRAIRE, RUE DU BAC, 46,

MONTPELLIER

FÉLIX SEGUIN, LIBRAIRE-ÉDITEUR,

RUE ARGENTERIE.

1855

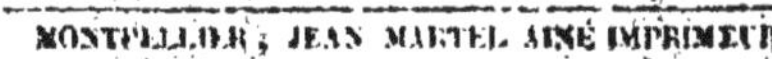

MONTPELLIER, JEAN MARTEL AÎNÉ IMPRIMEUR.

DE L'AUTORITÉ

DU DROIT ET DU DEVOIR DANS LA SOCIÉTÉ.

MONTPELLIER, JEAN MARTEL AINÉ IMPRIMEUR.

DE L'AUTORITÉ,

OU

DU DROIT ET DU DEVOIR

DANS LA SOCIÉTÉ,

PAR

A. DUBOIS.

Hunc saltem everso juvenem succurrere seclo
Ne prohibete,..............
Laissez au moins à ce héros le temps de relever
les ruines de la patrie.

La grâce de Dieu et la volonté nationale.

PARIS

VATON, LIBRAIRE, RUE DU BAC, 46.

MONTPELLIER

FÉLIX SEGUIN, LIBRAIRE-ÉDITEUR,

RUE ARGENTERIE.

1855

DE L'AUTORITÉ,

ou

DU DROIT ET DU DEVOIR DANS LA SOCIÉTÉ.

Hunc saltem everso juvenem succurrere seclo
Ne prohibete.............

Laissez au moins à ce héros le temps de relever
les ruines de la patrie.

La grâce de Dieu et la volonté nationale.

CHAPITRE I.

DU DROIT DE COMMANDER, OU DU PRINCIPE DE L'AUTORITÉ.

1. *Il y a nécessairement un principe de l'autorité.*
On peut le trouver.

Pour la seconde fois en cinquante ans, le génie
d'un homme nous a sauvés du désordre, et récon-
ciliés avec l'autorité par la gloire. Remercions-en
la fortune de la France · mais, pour que le respect

de l'autorité soit établi solidement ; il ne faut pas qu'il repose seulement sur la reconnaissance ou l'enthousiasme, et devienne le culte d'un grand homme. Une telle obéissance, quelque naturelle qu'elle pût être d'ailleurs, toucherait de trop près au fanatisme, et par conséquent, à l'esclavage ; et l'autorité y perdrait autant que la liberté.

Il ne faut pas que les hommes se soumettent par reconnaissance. La reconnaissance ainsi pratiquée serait le vice d'un peuple lâche et abruti, puisqu'elle irait à l'oubli de notre dignité. Il faut que le respect des lois naisse de la conscience de nos devoirs, et confonde en un seul sentiment l'amour de l'ordre et celui de la liberté.

Je me demande donc de quel droit Napoléon III gouverne la France. Son gouvernement est-il bon? Est-il simplement meilleur que les autres? De quel droit, enfin, un homme commande-t-il à d'autres hommes? De quel droit peut-il prescrire, défendre, exiger une partie de notre revenu, nous dire comment il faut vivre, nous ordonner de mourir?

Assurément, il n'est pas de question plus grande et plus intéressante ; et cependant, depuis deux mille ans et plus que l'on discute, l'on n'est pas parvenu à s'entendre. La chose est évidente, puisque l'on discute encore. En vérité, l'on s'en lasserait, s'il était permis d'abandonner une telle question sans la résoudre, et l'on désespèrerait de trouver un principe incontestable qui puisse concilier toutes les opinions. Pourtant ce principe existe, et nous pouvons le trouver. Notre raison ne peut admettre que l'univers matériel obéisse à des lois certaines, et que le monde des intelligences soit livré aux caprices du hasard. Il faut ou nier Dieu et la raison humaine, contester tout principe, toute certitude, renoncer à jamais à toute discussion ; ou bien le principe fondamental de tous les autres principes, c'est qu'il y a un ordre dans l'univers ; que, si cet ordre éclate partout, il est impossible que l'homme seul en soit exclu ; qu'enfin, s'il est des lois auxquelles les corps obéissent fatalement, il en est d'aussi certaines, d'aussi immuables auxquelles l'humanité doit se conformer librement. Ceux qui nieraient l'évidence d'un tel principe, je ne puis discuter pour eux ni avec eux. Et maintenant, ce serait une chose aussi monstrueuse et aussi incompréhensible que, s'il

existe des principes essentiels à la conservation et
à la sécurité des sociétés humaines, il ne fût pas
permis à l'homme de les saisir ; qu'il connût et
expliquât tout dans l'univers, excepté ce qui l'in-
téresse le plus ; qu'il eût calculé la rapidité de
l'électricité et de la lumière, la distance du soleil,
les mouvements des mondes, et qu'il ne sût pas
pourquoi il acquitte des contributions, ou pourquoi on le force à aller se faire tuer derrière un
drapeau.

II. *Ce qui nous empêche de le trouver.*

Mais précisément parce que cette question nous
touche de près, et que nous vivons au milieu de
toutes ces choses, elles nous paraissent naturelles,
et nous ne songeons point à les approfondir. On
ne sait rien moins complètement que ce qu'on
a toujours su un peu. Le bon sens nous dit que
nous devons être en société ; et voilà pourquoi nous
ne recherchons pas pourquoi nous y sommes. On
est plus pressé d'examiner de quelle manière on
doit y être, et quelles sont les meilleures lois.

En effet, prenez tous les philosophes depuis
Aristote et Platon jusqu'à nos jours, vous les

verrez tous se hâter de quitter le rôle de philosophe pour celui de législateur, et chercher de
quelle manière les hommes peuvent le mieux être
gouvernés, avant d'avoir établi clairement s'ils
doivent l'être. La force des choses a donc appelé
leur attention sur les conséquences, avant qu'ils
se fussent rendu compte du principe.[1]

Toutefois, peu importerait par où l'on commence, pourvu que l'on parcoure toute la carrière.
La marche constante de certaines sciences exactes
est même de remonter des conséquences aux principes; mais, si pourtant elles arrivent à de beaux
résultats, ce n'est pas que naturellement elles
soient plus certaines; c'est plutôt que dans leur
étude rien ne vient gêner la marche naturelle de
notre esprit. Ici, au contraire, la raison n'agit
pas seule : la passion vient s'y mêler et l'égarer,

[1] Si la passion nous pousse aux systèmes, la passion nous
y retient et nous entête. Là où l'on manque d'un principe
certain, il reste plus à faire à l'imagination de chacun. Voilà
précisément ce qui nous flatte, ce qui donne de l'attrait à cette
occupation et nous passionne pour nos systèmes. Les géomè-
tres ne s'échauffent pas pour le carré de l'hypothénuse, parce
que l'évidence est chose abstraite et qui n'appartient à personne; tandis que, quand on invente un système, on tient à
l'honneur d'avoir eu plus d'esprit que les autres.

parce que la politique touche à tous nos intérêts.

Le commun des hommes songe uniquement à gagner le plus possible avec le gouvernement, et n'a pas le temps de rechercher s'il est juste, et pourquoi. Les philosophes s'élèvent un peu plus haut; mais, en somme, leur disposition est de même nature. Les évènements de leur temps ou les accidents de leur vie privée, les préjugés, l'éducation ont faussé leur observation et égaré leur esprit. A la place de cette perfection idéale qu'ils prétendaient retracer, ils ont mis dans leurs systèmes ce qui convenait le mieux à leurs regrets, leurs espérances, leurs habitudes. Aristote, qui avait vu toujours des esclaves, admet que certains hommes sont nés pour l'esclavage. A l'époque où Anaxagore était accusé d'impiété, Socrate condamné à boire la ciguë; Platon, frappé des excès auxquels peut se porter une multitude égarée et fanatique, rêvait un gouvernement fondé sur la distinction des castes; et, à force de vouloir la perfection du citoyen, il arrivait à méconnaître les droits de l'homme. Hobbes, qui avait vu les guerres civiles et la tête d'un roi tomber sur l'échafaud, fonda sa politique sur la force, et décrivit un modèle de gouvernement dont rougirait tout honnête homme à qui la peur n'ôterait pas l'usage de son intelligence. De nos jours, d'autres ont sacrifié le droit de la société à celui de l'individu, et demandé une liberté impossible, comme lui un despotisme monstrueux.

Ainsi ballotée à tous les extrêmes, et égarée tantôt par la peur du désordre, tantôt par la haine de la tyrannie, cette discussion a presque fatalement abouti à des doctrines qui sacrifient le droit de l'individu à la sécurité de la société, ou les droits de l'autorité à ceux de l'individu : en un mot, le désordre ou la tyrannie, c'est-à-dire, dans les deux cas, la tyrannie et le désordre.

Après tant d'évènements qui se sont pressés dans le cercle étroit de quelques années, nous gagnerons au moins à la lassitude qu'ils ont amenée dans beaucoup d'esprits, d'entreprendre cette étude avec plus de sang-froid. L'indifférence nous tiendra lieu d'impartialité : moins passionnés pour la forme du gouvernement, nous pourrons mieux comprendre le principe, qui, en effet, est indifférent à la forme. Le moment est donc peut-être venu d'entreprendre cette discussion avec plus de fruit : en tout cas, c'est toujours le moment d'essayer.

Quel est donc le droit de l'autorité ? Mais, d'abord, qu'est-ce que le droit en général ?

III. *Définition du droit en général.*

Le droit, dit Grotius, *est ce qui est juste*, ou, pour mieux dire, négativement : *ce qui n'est pas injuste.* On pourrait le définir avec plus de rigueur : *ce qui est simplement permis ; ce qui n'est ni ordonné ni défendu.*

Personne ne dira : *J'ai droit de veiller à ma conservation.* C'est là un devoir et non un droit. Mais on dira : *J'ai droit de tuer celui qui menace ma vie. J'ai droit de me lever, de m'asseoir.*

Le mot *droit,* dans ces deux propositions , a exactement le même sens : celui de *chose permise ;* mais les actes auxquels il s'applique sont loin de se ressembler. Se lever, s'asseoir, sont des choses par elles-mêmes indifférentes, et par conséquent permises. Seulement la circonstance peut faire que ces actes soient défendus : si , par exemple, en les accomplissant, on nuisait à son semblable. Au contraire, tuer un homme est un acte criminel en lui-même; mais la circonstance fait qu'il devient permis. Je dois respecter la vie de mon semblable, il est vrai; mais ce devoir est réciproque, et si mon semblable s'en affranchit, il m'en affranchit aussi. Je respecte en lui non point un animal à deux pieds et sans plumes ; mais un être moral, capable de comprendre et d'observer envers moi les mêmes devoirs que moi envers lui. Du moment qu'il y manque, il n'est plus un homme, mais une force ennemie qui me menace. Alors mon devoir envers lui cesse, et il me reste celui de conserver ma vie. Voilà comment une chose mauvaise auparavant devient permise, comment ce qui était *crime* devient *droit*. Nous pouvons donc, pour compléter la définition que nous avons donnée, dire que : *le droit est ce qui est naturellement permis, en tant qu'indifférent, ou ce qui devient tel par circonstance.*

Considéré comme attribut de l'homme, le droit serait alors : *la permission de faire ou de s'abstenir, qui comprend nécessairement celle de faire faire ou d'empêcher.*

Gouverner les hommes malgré eux est, consi-

déré en soi, une chose équivalente à celle de les
tuer, et même pire. En effet, le crime de tuer un
homme en une fois est infiniment moindre que
celui de le tuer à chaque instant, en lui enlevant
sa liberté, sa dignité, qui sont infiniment plus
que la vie du corps. Pour que le gouvernement
devienne un droit, il faut donc établir que les
hommes, *en tant qu'ils refuseraient de se soumettre à l'autorité*, donnent à celui qui l'exerce le
droit de les y contraindre, comme un brigand qui
m'attaque me donne le droit de le tuer. Voyons
d'abord comment on a jusqu'ici défini ce droit.

IV. *Systèmes admis jusqu'ici. Convention ou droit humain. Droit divin.*

Les systèmes des philosophes sont infinis ; mais
on peut ramener à deux les principes admis par
eux pour expliquer le droit de l'autorité. Ce sont :
le principe du droit humain ou de la convention,
et le principe du droit divin : l'un qui fait dépendre de la volonté de l'homme l'institution des
sociétés, ainsi que la forme même du gouvernement ; l'autre qui rapporte l'une et l'autre à la
volonté divine.

V. *Convention. État de nature. M. de Bonald. Aristote.*

L'obligation de se soumettre aux lois de la société n'est pas, dit-on, une obligation naturelle. Mais, en l'absence de ces lois, ce serait entre les hommes une guerre continuelle : la force seule ferait le droit. L'expérience ayant donc appris aux hommes qu'il était moins malheureux pour eux de s'associer que de se faire la guerre, chacun d'eux a sacrifié une partie de ses droits afin d'assurer les autres, et cet accord volontaire, cette convention s'appellent *lois, gouvernement.*

Si l'on interrogeait au hasard en France un certain nombre d'individus; il n'en est pas un sur cent qui ne répondît, plus ou moins clairement, que non-seulement Napoléon règne par la *volonté nationale,* mais que son autorité n'a et ne peut avoir d'autre principe ni d'autre consécration. A ce compte, je ne vois pas pourquoi la *grâce de Dieu* figure dans le préambule des décrets impériaux : ce n'est plus qu'une légende gothique qu'il faut effacer. Mais je crains bien qu'alors l'autorité de l'Empereur se réduise à rien ; car la *volonté*

nationale toute seule fait, comme on va le voir,
un droit si laid, que, même sans être aussi fier
qu'un Napoléon, tout honnête homme rougirait
de l'exercer.

Rien ne paraît plus simple et plus juste, au
premier abord, que de nous montrer l'homme
passant ainsi de l'état de nature à l'état social;
mais, en l'examinant de plus près, on ne voit
plus dans cette théorie qu'une symétrie de mots:
au fond, rien n'est plus confus et plus embrouillé.

D'abord, cet état de nature dont on parle n'est
nulle part défini. Et comment pourrait-on définir
ce qui n'existe pas? « La nature d'un être », dit
avec raison M. de Bonald, « est sa perfection. »
Quel est donc l'état de nature pour l'homme qui
ne soit pas la société? Aristote exprime la même
idée d'une manière plus abstraite et plus profonde,
quand il dit que la société existe avant l'homme.
En effet, en rapportant, comme on doit faire,
chaque chose au plan général de la création, on
trouve évidemment que le genre dans la pensée
divine existe avant l'individu, et la loi avant le
fait. Or, la seule idée générale de l'*homme* comprend l'idée de société. L'homme, par cela seul

qu'il est homme, a des devoirs à remplir à l'égard
de ses semblables; et, tout devoir étant réciproque,
le mot de droit naturel, ou, si l'on veut, d'état de
nature, exprime nécessairement l'idée de société
naturelle.

VI. *Majorité.*

Ainsi, la société existe avant la cité, et celle-ci
n'est qu'un développement et une conséquence de
la première, bien loin qu'elle en soit la seule
forme. Mais, pour ne pas discuter sur les mots,
admettons que telle est, en effet, la pensée des
philosophes qui ont parlé du droit naturel et de
l'état de nature; qu'ils ont simplement désigné
par des termes trop opposés les formes différentes de la société : l'une dans laquelle les hommes
se trouvent naturellement, par cela seul qu'ils sont
hommes, et qu'il ne dépend pas d'eux de former
ni de détruire; l'autre, la société civile, qu'ils
ont formée par nécessité, par convention, et qui
subsiste de même.

Sans anticiper ici sur ce que nous aurons à dire
plus bas, je tiens à déclarer que je ne conteste
nullement que la convention n'entre pour quelque

chose, et pour beaucoup, dans la formation et le gouvernement de la société civile ; mais je prétends que le principe même de l'autorité est tout-à-fait étranger et supérieur à la convention et à notre volonté.

Je suppose donc que les hommes ont vécu jusqu'ici dans cette liberté naturelle dont on parle, et que, fatigués d'être sans cesse en guerre les uns avec les autres, ils se réunissent un jour pour faire la paix et établir en commun les conditions de leur société. Je ne vois, pour ma part, aucun inconvénient à ce qu'ils fassent entre eux tel traité qu'il leur plaira ; mais, puisqu'aucune obligation naturelle ne m'est imposée de vivre en société, je suis libre de ne pas signer ce contrat : leur convention n'oblige qu'eux.

On me dit à cela que je dois me soumettre à la majorité. Mais quel est donc ce droit de la majorité ? Comment une obligation qui n'existe pas naturellement peut-elle naître de la volonté du plus grand nombre ? Une pierre tombe, non pas parce que les autres pierres tombent, mais parce que telle est sa loi. Ce qui est loi pour la pierre est devoir pour l'homme, et tient par conséquent à sa nature et non au nombre. Le nombre ne change rien à la nature des choses. Vingt sous de cuivre valent un franc d'argent : c'est là la convention ; mais vingt sous de cuivre ne font pas une pièce d'argent. Le nombre donne la force et non le droit. Huit millions de suffrages sont la toute-puissance pour Napoléon III ; mais seuls ils ne donneraient pas à l'Empereur la millionième partie d'un droit.

Jean-Jacques Rousseau dit que, pour établir le droit d'un gouvernement, il faut supposer *au moins une fois* l'unanimité. Mais qu'est-ce à dire encore? Quoi! il est nécessaire aujourd'hui que le gouvernement ait l'unanimité, et demain la majorité suffira! Mais comment le temps peut-il changer un des principes éternels du droit? Si l'unanimité est nécessaire aujourd'hui, elle le sera demain, elle le sera toujours. L'autorité qui n'aura d'autre titre que la majorité pour s'imposer à moi, fût-elle d'ailleurs la plus parfaite que les hommes aient pu voir, que les philosophes aient pu rêver, je serai toujours fondé à dire qu'elle est à mon égard une abominable tyrannie, par cela seul qu'il ne me plaît pas de me soumettre.

VII. *Droit de défense. Conséquences de ce droit. Hobbes. M. Proudhon.*

On donnera maintenant une autre grande raison. On dira que je suis naturellement en guerre envers mes semblables, et que par là je leur donne le droit de se défendre. D'abord, je proteste que je ne veux attaquer personne, et ne réclame que ma liberté; et, jusqu'à ce que j'aie manqué à ma parole, quel droit peut-on prétendre sur moi? N'est-il pas absurde autant qu'inique de se défendre par supposition et par anticipation? Ensuite, quand même j'attaquerais la société, n'est-il pas singulier qu'elle se défende en m'enrôlant parmi ses membres? Quoi! le droit de se défendre contre moi devient celui de m'associer! Un homme a le droit de me commander, précisément parce que je ne veux pas obéir! Voilà, en vérité, un droit plaisant. Le seul droit raisonnable que l'on pourrait conclure de cette hostilité naturelle, serait l'isolement et non la société. Le bon sens dit qu'il n'est pas plus juste que prudent de s'associer par force son ennemi, mais qu'on a le droit de s'isoler de lui, et de l'anéantir au besoin.

priété. Hobbes et M. Proudhon ont chacun à leur manière, et sans le vouloir assurément, fait la satire la plus sanglante de ces doctrines qui, à force d'exagérer les droits de l'homme, finissent par supprimer ses devoirs. Si, au lieu de proclamer que *la propriété c'est le vol,* M. Proudhon avait écrit que le vol nous rend légitimes propriétaires ; on eût cherché peut-être quelle était la grossière bouffonnerie cachée sous ces paroles ; et, après s'être aperçu que l'auteur parlait au sérieux ; on l'aurait envoyé à Bicêtre continuer ses raisonnements. Mais on s'est alarmé à juste titre. Cet ouvrage a été comme un coup de tonnerre qui a réveillé une société endormie dans son égoïsme, bercée dans l'oubli des vrais principes de l'autorité, et qui s'est trouvée désarmée devant les conséquences imprévues de ses propres doctrines. Il n'y a pas à regimber : tous les philosophes du monde ne trouveront pas une objection raisonnable à cette proposition, une fois le principe admis ; comme aussi tous les raisonnements de M. Proudhon ne persuaderont personne qu'elle ait le sens commun. Avec une logique moins serrée que la sienne, on démontrerait encore , en partant du même point , que la propriété est le vol, et que l'autorité qui la consacre est l'esclavage, et par conséquent l'assassinat. Le tort de M. Proudhon n'est pas d'avoir mal raisonné; mais, au contraire, d'avoir raisonné impitoyablement sans compter avec le bon sens, et de n'avoir pas su ou voulu voir qu'une conséquence absurde ne peut être déduite d'un principe vrai. Au fond, il y a plus de ressemblance qu'on ne croirait entre le système d'Hobbes et celui de M. Proudhon; leur principe est le même, et les conséquences qu'ils en déduisent se ressemblent beaucoup. Seulement M. Proudhon garde le principe et recule devant la conclusion, bien qu'elle soit rigoureuse; l'autre s'avance brutalement à travers toutes les extravagances, comme l'âne d'Homère, sans regarder derrière lui, et voir que ses conséquences, toutes logiques qu'elles sont, contredisent et détruisent son principe. Écueil ordinaire de ceux qui croient ou font semblant de croire que raisonner dispense d'observer, et que discuter c'est faire des syllogismes.

VIII. *Impossibilité de connaître la convention.*

Mais, enfin, laissons de côté tout amour-propre, et faisons un calcul exact de nos intérêts : nous trouverons qu'il vaut mieux vivre en société que de rester isolés. Me voilà, pour ma part, tout décidé à signer le pacte social. Je ne demande qu'à le connaître; car, à cette condition seulement, je puis m'engager. Mais la difficulté n'est pas petite.

On peut regarder le code d'une nation comme l'acte qui établit les conditions du contrat social ; et il est convenu, au moins chez nous, que personne ne pèche par ignorance de la loi. Dieu me garde d'y contredire, car rien n'est plus vrai dans la pratique, au moins pour une partie des lois. Le bon sens et la coutume suffisent pour diriger un homme bien intentionné dans ses rapports personnels avec ceux qui l'entourent; mais il n'en est pas de même de ce qui touche à nos intérêts. Certes, la chose en vaut bien la peine, puisque de là dépend notre bien-être et notre sécurité. Eh bien ! il n'est pas un homme sur dix mille, pas un sur cent mille qui en sache confusément la moitié ; il n'en est pas un seul en France qui les sache toutes. Et quand un jurisconsulte, par un effort prodigieux, serait parvenu à faire porter à sa mémoire cet énorme fardeau ; il ne pourrait pas dire encore qu'il sache les lois, puisqu'à chaque instant elles ont besoin d'être interprétées, et qu'un même article s'interprète souvent de vingt manières différentes. Autrement, à quoi bon les tribunaux, les appels, la cassation ?

Si donc le code contient les clauses de mon engagement, et qu'il me soit impossible de le connaître ; peut-on dire que je sois engagé à ce que je ne connais pas ?

IX. *Changement continuel dans les lois.*

Cependant, écartons ces difficultés, tout insurmontables qu'elles sont ; admettons que chacun peut retenir et interpréter les lois. Il doit être pourtant bien entendu que je ne m'engage que pour ce que je signe. Or, à peine j'ai dit que je consentais ; que les conditions du contrat social ne sont plus les mêmes. Les lois de tous les peuples

du monde, sans en excepter même les Chinois,
changent chaque jour avec les mœurs, les goûts,
les évènements : et c'est une nécessité des choses,
nécessité si bien reconnue que bon nombre
d'hommes, dans chaque pays, n'ont guère d'autre
occupation que d'y pourvoir. Un Empereur, des
Ministres, un Conseil d'État, des assemblées délibé-
rantes, et, après ceux-là, des Préfets, des Maires,
des Chefs dans toutes les administrations ; tout ce
monde occupé à décréter, promulguer, arrêter,
innover enfin, et par conséquent changer la convention sociale ; n'est-ce pas l'image vivante et la
personnification de cette métamorphose continuelle
que subit la société ? Que d'hommes employés à
faire et défaire les lois, et par conséquent à résoudre la convention qui nous lie ! Chaque instant
dégage ma parole, et me rend ma liberté naturelle
en altérant les conditions de mon engagement.

X. *Si l'on peut aliéner sa volonté.*

On répond à cela que j'ai aliéné ma volonté une
fois pour toutes, et par là consenti d'avance à tous
ces changements. Je ne puis prétendre que cette

raison soit mauvaise, car il m'est impossible d'y trouver un sens. Quand on dit qu'un objet a été aliéné, on comprend nécessairement qu'il y a d'un côté celui qui donne et de l'autre la chose qui est donnée. Voilà un objet qui a passé de moi à un autre par un acte de ma volonté. Lors même que ma volonté changerait; lors même que l'objet aliéné serait matériellement en mon pouvoir, l'obligation morale subsisterait encore. La convention le faisait mien, la convention le donne à un autre. C'est que cet objet ne m'appartient pas *naturellement;* il peut être à un autre aussi bien qu'à moi. Dans tous les cas, enfin, il est distinct de moi. Nous pouvons toujours aliéner un objet distinct de nous-mêmes; mais aliéner notre volonté est chose impossible, parce que la volonté est inséparable de l'homme, elle est l'homme même. Pour qu'il cessât de vouloir, il faudrait qu'il cessât d'exister. Or, s'obliger d'une manière générale à vouloir toujours ce qu'un autre voudra, c'est déclarer qu'on ne voudra plus rien; c'est donc déclarer qu'on cessera d'être un homme.

Celui qui contracte un engagement de ce genre le détruit par cela seul qu'il le contracte; car, s'il n'a pas cessé d'être un homme et qu'il ait encore une volonté, il n'a rien aliéné ; si, au contraire, il a cessé d'être un homme et qu'il n'ait plus de volonté, il n'a encore rien aliéné, puisqu'il a anéanti cette volonté qui était l'objet du contrat. Et dans ce dernier cas, si l'on considère que c'est lui-même qui s'est anéanti ; l'on accordera que l'idée d'un animal qui se dévorerait lui-même sans laisser de trace, ou d'un homme qui se transporterait dans les airs en s'empoignant par la barbe, n'a rien de moins clair ou de plus burlesque que celle d'un homme qui aliène sa volonté.

XI. *Conséquences morales du système de la convention.*

Enfin, on peut dire, et c'est tout ce qu'on peut dire, que mon intérêt me conseille d'en passer par là. Mais, d'abord, je prétends être meilleur juge que qui que ce soit de ce qui convient à mes intérêts ; et si par hasard je me trompe, personne n'a le droit de calculer mieux pour moi, malgré moi. Ensuite, quand même je consentirais à subir l'autorité ; il me sera impossible de la respecter et de l'aimer, ou d'y voir autre chose qu'une nécessité humiliante dont on doit s'affranchir le plus possible.

Telle est, en effet, la disposition où se trouvent beaucoup d'hommes à l'égard de l'autorité : et faut-il s'en étonner, quand on fait dépendre le droit de la société de celui de l'individu ?

Or, cette doctrine est commune : elle a passé peu à peu des écrits de quelques philosophes dans les mœurs de tous, et cela très-facilement. Il nous en coûte beaucoup d'obéir ; et l'on aime alors à se dire qu'après tout on n'obéit que parce qu'on veut bien. On a cru ainsi relever la dignité de l'homme en faisant passer le droit avant le devoir, et en substituant le mot de *nature* à celui de *providence*. On a espéré se grandir en échappant à Dieu, en déguisant sous des mots qu'on ne définit point le vague ou l'absence d'idées. Mais, avec toute la gravité qu'exige un pareil sujet, il est permis de dire que les écrivains qui ont popularisé une telle doctrine, et ceux qui l'ont adoptée sur leur parole ne savaient littéralement pas ce qu'ils disaient. Au lieu d'affranchir et d'honorer l'homme, ils l'ont soumis à la plus avilissante des tyrannies. L'obligation de plier au devoir n'humilie pas, parce que le devoir vient de plus haut que nous; mais l'autorité d'un autre homme que l'on subit malgré soi est un outrage continuel à notre dignité. Or, le principe du droit individuel ne peut céder dans la société qu'à la nécessité et à la peur, ne peut aboutir qu'à la force et à l'oppression. Le gouvernement fondé sur un tel principe est donc inévitablement l'abrégé de toutes les humiliations, de toutes les iniquités.

XII. *La société est un devoir. Perfection de l'homme par la société.*

Il faut prendre une autre méthode, et, si nous voulons relever l'obéissance et la rendre légère, il faut rehausser l'autorité. Si nous voulons sauver la dignité de l'homme ; au lieu de déduire ses devoirs de ses droits, il faut au contraire lui chercher ses droits dans ses devoirs.

Il n'est pas nécessaire de réfléchir longuement pour comprendre que la société est un devoir pour l'homme. J'entends par là non point cette société *naturelle* dont le code se bornerait au respect des personnes et des biens d'autrui, j'entends la société civile avec toutes ses conséquences. En supposant que le caractère des hommes rendît la première possible, ce serait un grand bonheur peut-être pour les individus ; mais, à coup sûr, un grand malheur pour l'humanité. Nos rapports, réduits à ces termes, seraient plutôt l'isolement que la société, et les hommes, se bornant à se respecter sans s'unir, resteraient éternellement ce qu'ils furent d'abord : l'humanité ne serait que l'ébauche de ce qu'elle est devenue par une association plus complète, l'association politique.

D'abord, celle-ci multiplie à l'infini la force et l'intelligence de chacun de nous, en les combinant avec celles des autres. Ensuite, chaque progrès devient le principe d'un autre progrès ; une génération commence où une autre a fini ; le patrimoine de l'humanité s'augmente sans cesse ; chaque jour étend la domination de l'homme sur ce monde où il était comme perdu, et le progrès, dans l'espèce, devient par l'éducation propre à chaque individu. Enfin, elle associe les affections aussi bien que les forces et les intelligences : non-seulement l'homme profite du travail et de la pensée des autres ; mais son âme s'agrandit par ces affections qui l'unissent à ses semblables; chaque sentiment qui naît de ses rapports avec eux est comme un attribut nouveau qui s'ajoute à sa nature, et il vit non-seulement de sa vie propre, mais encore de la vie de tous. Qui pourrait dire que cette harmonie sublime ne soit pas la perfection de l'individu, aussi bien que la splendeur de l'humanité? C'est pourquoi, si la nécessité et le besoin de se garder les uns contre les autres avaient seuls formé la société; il faudrait accorder encore que la Providence a fait sortir le bien du mal, et nous a créés imparfaits pour nous conduire à une perfection plus grande. Mais, il y a plus à dire: *la société est un devoir, par cela seul qu'elle est notre perfection.*

XIII. *Définition trop vague du droit de commander.*

Tel est le premier principe de la doctrine du droit divin: principe assurément incontestable, mais qui ne suffit pas pour établir le droit de l'autorité. En effet, quand on aura prouvé que c'est un devoir pour nous de vivre en société; on n'aura pas encore fait comprendre que ce soit un droit pour quelqu'un de nous forcer à remplir ce devoir.

Les philosophes du droit divin nous disent bien, qu'outre la convention humaine, les lois ont une autre sanction morale, qui est la volonté divine, *que Dieu veut que nous nous soumettions aux lois*, etc. ; mais ce que je demande, et ce qui est absolument nécessaire pour la consécration de l'autorité, c'est qu'on explique comment et pourquoi Dieu veut que nous nous soumettions aux puissances ; et c'est ce que je ne trouve point dans ces phrases vagues : *L'autorité est de droit divin ; Dieu veut que nous respections l'autorité.* Une idée vague, mais vraie, suffit pour se conduire : un principe vrai, mais vague, ne suffit pas à la discussion, et favorise l'erreur en ne définissant pas la vérité. Livrés à notre incertitude, le faux nous frappe plus que le vrai, par cela même qu'étant moins naturel, il peut plus facilement paraître original. Affirmer sans discussion et sans preuves, c'est ne rien faire ; car, à celui qui nous dit oui, il est toujours permis de répondre non. Ainsi, ce grand principe du droit divin doit être clairement expliqué si l'on veut qu'il porte ses fruits, et il peut l'être, s'il est vrai. Il n'est pas de vérité si abstraite qu'on ne puisse l'énoncer dans des termes accessibles à la raison humaine : autrement, d'où saurions-nous qu'elle est une vérité?

XIV. *Droit de forcer les autres à faire leur devoir.*

Dira-t-on que le droit de forcer les autres à remplir leur devoir existe d'une manière générale? Mais ce droit est injuste et impossible. Nous ne sommes chargés que de nous, parce que nous n'avons d'action que sur nous-mêmes. Quand nous forcerions un homme à faire comme nous, nous ne l'aurions pas pour cela préservé de mal faire, puisque son corps seul obéirait, et que sa volonté résisterait et serait coupable. On n'a pas besoin de s'évertuer à démontrer cette vérité, car c'est chose reconnue et pratiquée. La loi force les citoyens à remplir leur devoir de respecter la personne et le bien d'autrui, parce qu'en cela la société se défend ; elle n'empêche pas un homme de se tuer par l'intempérance, de se voler par le jeu ou l'avarice. L'institution serait, ce semble, bien plus parfaite ; mais on a reconnu qu'il serait inique et monstrueux d'étendre jusque-là l'action de la société et les prérogatives du gouvernement. Il faut

donc chercher ailleurs l'explication de ce droit,
s'il existe.

XV. *Principe réel de l'autorité. Du droit de conquête.*

Ce droit est si simple à comprendre, qu'il y a
lieu de s'étonner que la théorie n'en soit pas encore
devenue commune.

C'est ici un exemple frappant pour montrer
combien la discussion peut s'égarer loin du simple
bon sens, et, à force de distinctions abstraites,
nous faire perdre de vue l'objet réel qu'elle poursuit. On a parlé d'état de nature et d'état civil ;
on a cherché, en un mot, la société hors de la
société ; et l'on n'a pu ainsi deviner ce qui en est
l'essence même : je veux dire l'association.

Pour mieux faire comprendre notre principe,
écartons cette nécessité de se défendre les uns
contre les autres et de faire respecter les droits
naturels de chacun ; parce qu'en reportant notre
esprit à cette idée, seul fondement jusqu'ici de
toutes les politiques, on s'expose malgré soi à
fausser le grand principe de l'autorité. Supposons,
au contraire, notre monde habité par des hommes

assez raisonnables pour se contenter de vivre chacun de son travail en respectant les droits des autres, mais en même temps assez ignorants ou assez dépravés pour vouloir rester isolés chacun dans le coin de terre qu'il cultive, sans faire entre eux une société. Supposons qu'il naisse un jour parmi eux un homme plus éclairé et meilleur, qui leur dise : Vous manquez au premier et au plus sacré de vos devoirs en restant isolés ; réunissez-vous donc, et formez une société. Assurément, il n'y aurait pas d'objection à faire. Mais enfin, si les hommes persistaient dans leur aveuglement criminel ; supposons encore que celui qui est meilleur que tous les autres fût aussi plus puissant, et assez pour les soumettre tous ; je demande s'il en aurait le droit.

Eh bien ! oui, mille fois oui ! et, s'il ne leur imposait que la justice et l'égalité, son autorité serait tout aussi légitime que celle de Napoléon III.

Si l'homme qui reste isolé ne faisait tort qu'à lui-même, personne n'aurait le droit de le faire sortir de son isolement. Mais, en nous refusant sa société, il nous fait tort, et nous donne le droit de le contraindre à venir à nous. Personne ne demandera sans doute par quelle raison un homme ne peut pas vivre en société s'il est seul. Or, l'homme no se développant que par la société, celui qui vivrait seul déroberait aux autres une partie de leur bien. Deux hommes qui s'unissent produisent, si l'on me permet cette expression, une valeur plus grande que la somme de leurs deux valeurs respectives. Ainsi, celui qui s'isole nous prive non-seulement de ce qu'il pouvait valoir lui-même, mais encore de ce que nous aurions valu de plus par sa société : il nous frustre, et de ce qu'il a, et de ce qui nous appartient en propre.

Voilà ce qu'il faut bien comprendre, car sur ce principe repose toute la société, tout le droit de l'autorité. La société étant un devoir pour l'homme, elle est aussi un droit. Il a donc droit de forcer les autres à venir à lui, à rester avec lui, à l'admettre dans une certaine mesure à la jouissance de tout ce qui est à eux. Ces fruits de la terre, ces trésors de l'imagination, ces ressources de la science, tous ces biens enfin, de quelque nature qu'ils soient, qui passent par nos mains, ne sont à nous qu'en partie : tout ce qu'ils peuvent donner de plus par la société, et pour elle, lui appartient. Ils ne nous sont que prêtés par Dieu pour ce grand commerce du monde : nous en avons l'usage, mais nous en devons compte. Nous ne sommes que les fermiers de la création et de nous-mêmes, tandis que notre vanité et notre égoïsme rêvent sans cesse la propriété absolue de toutes choses. Ainsi, ce même principe de la société qui rend la propriété sacrée de l'homme à l'homme, la rend nulle par rapport à Dieu. C'est pourquoi l'homme qui reste seul est coupable envers nous comme envers lui-même, et nous donne le droit de l'appeler à nous, même malgré lui.

Sans vouloir faire sortir cette discussion de ses limites naturelles, de quel droit nos marins sont-ils allés planter notre pavillon sur les rivages de la Nouvelle-Calédonie? De quel droit, en général, un peuple civilisé prend-il possession d'un pays occupé par des sauvages? Est-ce le droit de la force, c'est-à-dire l'abus de la force, ou bien est-ce un droit réel? Ce droit est-il, enfin, celui de la guerre? Mais ces sauvages ne nous faisaient pas la guerre : ils n'ont jamais entendu parler de nous. De quel droit allons-nous nous établir chez eux, même en leur laissant le libre usage des ressources

que leur industrie grossière peut avoir créées sur
ce sol lointain? De quel droit? Si ce n'est qu'en
occupant pour eux seuls cette place sous le soleil,
et s'isolant, ou du moins, restant isolés du reste
du monde, ils volaient à la société humaine des
biens qui restent improductifs entre leurs mains :
les fruits de cette terre qu'ils cultivent mal, ces
mines qu'ils ne savent pas fouiller, ces rivages
qui offrent des abris sûrs au commerce, et qui sont
sous ce rapport la propriété non pas de quelques
hommes, mais de l'humanité. Déposséder un
peuple par cela seul qu'on est le plus fort, attaquer
la Turquie parce qu'on croit pouvoir la prendre,
c'est un exploit de larron. Mais quand un peuple
civilisé s'établit sur une terre habitée, ou plutôt
usurpée par des sauvages, non-seulement il use
d'un droit sacré, mais le droit de conquête n'est
plus alors que le devoir d'étendre la société, et de
se conformer aux vues de la Providence.

Il n'est point de mon sujet de définir rigoureusement ici toutes les applications de ce droit. L'ambition et la violence l'ont usurpé et travesti bien
souvent; il n'en est pas moins incontestable, et
l'on peut le ramener aux termes suivants : *Le pre-*

mier principe du droit naturel, le premier droit et le premier devoir de l'homme, celui qui résume en quelque sorte tous les autres, c'est le droit ou plutôt le devoir de forcer les autres à vivre en société. Je l'appellerai, si l'on veut, le *droit de société* ou de *perfection*, bien différent comme on voit de ceux que nous avons discutés jusqu'ici.

Quand j'emploierais cent ans et cent volumes à le développer, je ne pourrais rien ajouter à ce que je viens d'exposer en quelques mots : et si ce principe est si simple, c'est une preuve de plus qu'il est vrai. Du reste, arrivé à ce point, je ne vois pas qu'on doive chercher de preuve ni qu'on puisse en trouver : l'évidence n'en admet pas. Tout ce que je puis dire, c'est que ce principe me paraît *évident*. Si quelqu'un le contestait, je serais à bout d'arguments ; et, pour éviter toute impolitesse, je le renverrais à je ne sais quel passage d'Aristote, où ce grave philosophe dit qu'à celui qui nie l'évidence il faut répondre : *Vous êtes un végétal.* Il est sûr, en effet, que de deux individus dont l'un affirme l'évidence d'une proposition et dont l'autre la nie, il y en a un qui ne jouit pas de sa raison.

XVI. *Si le gouvernement proprement dit est de droit divin.*

Ainsi expliquée l'autorité est de droit divin, il n'y a pas à contester, et l'on règne par la grâce de Dieu. On a été plus loin, et l'on a dit que la Providence avait non-seulement fait à l'homme une obligation de la société, mais qu'encore elle lui en avait prescrit la forme et désigné les chefs. L'admiration et la reconnaissance pour quelques grands hommes, le désir exagéré de mettre l'unité dans l'histoire, ont pu suggérer une telle théorie. Mais ce n'est pas manquer de respect à la Providence que de supposer qu'elle a arrangé sur un plan général, et qui souvent nous échappe, les affaires de l'humanité, en laissant à notre liberté le soin de déterminer les accidents. Ce n'est point mal payer les bienfaits de l'homme de génie que de supposer que si, comme tous, il marche sous la main de Dieu, il se doit à lui-même un peu de sa grandeur. En tous cas, la plus grave objection que l'on puisse faire à cette doctrine, c'est qu'elle nous laisse dans l'embarras. Si nous ne devions ni discuter le gouvernement ni choisir nos chefs, nous n'aurions ni à discuter ni à choisir. Dieu, en nous imposant ce devoir, ne nous eût pas laissés le violer par ignorance : un devoir qu'on ignore ne peut être un devoir. Dans l'incertitude où nous resterions, il faudrait alors s'en rapporter à l'évènement, et croire que Dieu nous donne pour chef celui qui parvient à se faire obéir. De cette façon, pourvu que le czar vînt à bout des Turcs, il serait leur légitime empereur. Ce droit divin ressemblerait bien à la force. Telle est l'erreur de ce système : il exagère nos devoirs, et en recule les limites jusqu'à un point où nos yeux ne peuvent plus les distinguer. Son erreur est donc respectable en ce sens, et, s'il fallait choisir, peut-être devrait-on préférer celle-là ; mais il vaut mieux n'en choisir aucune, et prendre la vérité, si nous pouvons.

Une fois admise l'obligation de vivre en société, il reste aux hommes à s'entendre pour y vivre du mieux. La convention entre donc pour quelque chose dans la société ; mais ce n'est pas la convention qui nous oblige à la société, c'est au contraire la société qui nous rend la convention obligatoire. La milice, l'impôt, n'ont rien de sacré en eux-mêmes. Nous nous sommes entendus pour nous y soumettre, et l'on peut à la rigueur concevoir une société sans soldats et sans finances ; mais, à la place de cette obligation, on en trouvera telle ou telle autre. Que l'on arrange la société comme l'on voudra, il faut y vivre de quelque manière. Le fait est d'occasion et de convention : l'obligation est permanente et sacrée.

XVII. *Convention. Imperfection inévitable.*

Par là tombe cette distinction que l'on fait si profonde entre le droit de nature et le droit civil. L'un n'est plus que la conséquence nécessaire de l'autre, au lieu d'en être l'opposé.

Maintenant, remarquons que l'obligation de remplir nos devoirs naturels passe d'eux aux devoirs civils : je ne dis pas quelque mauvaises que soient les lois, mais quoiqu'elles soient très-imparfaites, ce qui est, du reste, inévitable. Assurément, le philosophe désirerait que les conventions des hommes fussent la parfaite image de la loi naturelle. Si notre raison seule faisait les codes, il en serait ainsi ; mais, par cela seul que la convention, c'est-à-dire la volonté des hommes, intervient dans les lois, il faut s'attendre à y voir entrer aussi le caprice et les abus. On a vu, on voit, on verra encore de bons gouvernements. C'est même une consolation de penser que l'humanité marche de plus en plus vers cet accord du code et de la nature ; mais, quand elle durerait des millions de siècles en avançant toujours, elle ne toucherait jamais ce terme idéal. On peut espérer de réformer, d'améliorer, mais la perfection nous est interdite. Jamais la loi ne sera la justice absolue ; jamais la propriété ne sera la pure et simple représentation du travail : jamais, tant que les hommes seront des hommes. Il faut en prendre son parti, et faire le mieux possible avec cet instrument, si imparfait qu'il soit. Voilà, sans doute, un raisonnement bien commode pour l'égoïsme. Mais on peut dire, avec encore plus de raison, qu'il est très-facile aussi d'inventer de beaux principes, sans s'inquiéter de les rendre praticables. Le progrès, et surtout l'honnêteté, n'est pas de trouver des difficultés à ce qui est, mais de résoudre pour le mieux celles qui peuvent l'être, ou de tâcher d'en diminuer les inconvénients inévitables.

XVIII. *Quel est le meilleur gouvernement.*

Enfin, si la perfection est impossible, quel est au moins le gouvernement qui en approche le plus ?

Si l'on regardait au nombre des philosophes qui ont traité cette question, on serait étonné qu'il faille encore la faire. Il est pourtant vrai que personne n'y a répondu, puisqu'on la discute : il est encore plus vrai qu'on ne peut pas y répondre par la méthode qu'on a suivie.

A Dieu ne plaise que je veuille dédaigner les travaux de ces grands hommes qui, dans tous les temps, ont étudié les diverses formes des gouvernements, les mœurs et les lois des différents peuples, l'influence de l'éducation, des climats, les principes de la richesse et de la puissance des nations ! S'ils n'ont point trouvé cette perfection unique qu'ils cherchaient et qui n'existe pas ; ils nous ont peut-être donné les moyens d'en approcher. Grâce à eux, avec moins d'haleine, nous pouvons espérer d'aller plus loin. Le génie des plus grands hommes, et presque toujours leurs erreurs, s'emploient pendant des siècles, non pas à décider les questions, mais à les définir, et préparer ainsi les voies à la médiocrité. Mais, enfin, sans être ingrats pour nos devanciers, il faut reconnaître qu'ils ont suivi une fausse méthode quand ils ont cherché le meilleur gouvernement pour des hommes ailleurs que dans les hommes eux-mêmes.

La société consiste essentiellement dans l'association morale, c'est-à-dire l'association des volontés. Des bœufs attelés à la même charrue ne sont pas associés, quoique leurs forces s'unissent. L'homme associe sa volonté à celle de l'homme, et c'est par là qu'il se perfectionne : il ne le pourrait autrement. L'esclave n'est pas associé à l'esclave ni à son propre maître ; il est attelé à son joug, comme le bœuf à la charrue ; aussi il ne naît de ce voisinage forcé aucun avantage pour l'un ni pour l'autre. L'histoire est là pour nous dire que la tyrannie est funeste au tyran comme à ceux qu'il opprime, et que les nations esclaves croupissent dans la faiblesse, l'ignorance et la corruption.

L'association des volontés est le principe de la perfection humaine, et le but de la société et de l'autorité : par conséquent, plus elles seront associées, mieux elles le seront. Ainsi, toutes les formes sont bonnes pourvu qu'on les veuille, et la difficulté n'est pas d'en imaginer de bien savantes, de bien ingénieuses, mais de savoir celle qu'on veut le plus.

Je suppose donc que des hommes se soient accordés unanimement sur les lois qui doivent régir leur association ; je dis, sans m'informer de ce qu'ils ont concerté ainsi, que ce sera là le modèle des gouvernements. En effet, la liberté et l'autorité y seront également établies. L'autorité peut-elle être plus solide que lorsque tout le monde la veut, et peut-on espérer une liberté plus grande que celle qu'on se donne à soi-même? Les hommes sont méchants, dit-on. Je conviens qu'ils se laissent aller volontiers à tyranniser les autres; mais ils sont assez jaloux de leurs propres droits, pour qu'on puisse s'en rapporter à eux, s'il ne dépend que de leur bonne volonté. — Mais ils sont aveugles, et peuvent agir contre leurs intérêts. — D'abord, les hommes les moins éclairés ont toujours assez de lumières pour distinguer ce qui leur est utile ; et, si une nation tout entière se trompe sur ses intérêts, quelle garantie aurons-nous qu'un seul homme y voie plus clair que tout le monde? En tout cas, l'on conviendra que la première liberté est de se gouverner comme on veut, et qu'imposer la liberté ressemble bien à la tyrannie.

XIX. *Majorité.*

Le meilleur gouvernement pour un peuple est donc celui qu'il veut. Mais où trouver une nation qui veuille tout entière la même chose? Nulle part, j'en conviens, si l'on prend les mots à la lettre. Mais si nous n'avons pas l'unanimité, nous nous contenterons alors de la majorité, non point parce qu'elle est la force, mais parce qu'elle est la société, et par conséquent le droit. Je dis, non pas la représentation parfaite de la société, mais ce qui en approche le plus.

L'obligation de vivre en société, qui est absolue pour l'homme, ne le lie évidemment que dans la mesure de ses forces, ou plutôt de son imperfection. Ainsi, puisque la majorité seule est possible, elle suffit pour établir le droit, et ce droit s'impose avec toute la rigueur et toute l'autorité du principe même.

Il n'y a pas à marchander là-dessus : considérée isolément, l'autorité de la majorité n'est que celle du nombre, c'est-à-dire la force et non la justice, et chacun a le droit de s'y soustraire. Mais ici le principe de la majorité, quoique imparfait, est le plus parfait que nous connaissions, et le seul praticable : il faut dont s'y tenir et s'y soumettre, à moins de n'en vouloir aucun. Du moment que la majorité a parlé, il faut respecter ses décisions, non point parce qu'on est plus faible que tout le monde, mais parce que c'est un devoir sacré d'obéir. L'autorité du principe écrase tous les amours-propres, encore mieux que la force du nombre ne fait céder l'individu.

XX. *De la forme du gouvernement. République et monarchie.*

En résumé, quand l'autorité est établie dans ces conditions chez un peuple, il n'y a plus à disputer son obéissance : la loi, c'est le droit; l'autorité, c'est la liberté.

Toutes les discussions sur la forme extérieure de l'autorité tombent d'elles-mêmes devant le principe du consentement commun. Chaque peuple choisit celle qu'il veut, et, par cela seul qu'il la veut, elle est la meilleure pour lui: il faut être un sophiste ou un niais pour chercher à lui prouver qu'il se trompe. Il n'y a qu'une liberté, qui est d'être comme on veut; mais cette liberté prend naturellement autant de formes qu'il se trouve de peuples différents de mœurs et de caractère.

Il est vrai que, si l'on considère les choses abstraitement, l'on est d'abord conduit à regarder le gouvernement républicain comme la forme la plus parfaite. En effet, il rappelle à chaque instant le contrat, le consentement, ce principe fondamental de toute société régulière et libre. Dans la monarchie, on en retrouve moins aisément la trace. Par là se sont accréditées, dans l'histoire même, de pitoyables erreurs. On a parlé de la république romaine, comme on eût fait de la liberté romaine; et tous les champions de cette aristocratie oppressive ont été dans les écoles un texte à déclamation, comme des héros et des martyrs de la liberté.

Cette apparence séduit toutes les âmes généreuses. On trouverait peu d'hommes en France qui n'aient été républicains jusqu'à la fin de la première jeunesse. C'est là assurément une illusion intéressante et respectable ; mais avec un peu d'expérience, quand on se connaît mieux soi et les autres, on en revient. Au fond, ce que nous voulons, ce que nous (et moi tout le premier) cherchions dans la république, c'était la liberté et le progrès. Or, nous finissons par comprendre que la république, convenant plus à notre esprit qu'à notre caractère, il nous faut faire ce sacrifice d'imagination; que, d'autre part, cette forme de gouvernement n'est pas nécessaire à la liberté et au progrès, et qu'il suffit que le pouvoir soit ferme et éclairé.

Qu'importe, en effet, qu'à chaque instant tout le monde intervienne dans les affaires, si le gouvernement n'est établi et si les lois ne subsistent que par la volonté de tous? En somme, la liberté est la même, et c'est une vanité puérile de réclamer pour la forme. Il ne s'agit que de savoir quelle est celle que réclament les mœurs et le temps. Des hommes graves, sérieux, pénétrés du respect de la loi, habitués à ne considérer qu'elle dans tous ceux qui la représentent, pourront facilement se faire à la république ; mais chez un peuple disputeur, inquiet, susceptible, qui a dans le caractère plus de vanité que de fierté, les citoyens, s'observant de trop près, considèreront dans le dépositaire de l'autorité non pas la loi, mais la personne avec ses faiblesses, et, se comparant à lui, il leur en coûtera de se soumettre à qui ne leur impose pas. Alors, pour éviter l'humiliation d'obéir à leurs égaux et de se garder sans cesse, ils élèveront l'autorité si haut qu'elle échappe à toute comparaison ; ils voudront que la personne disparaisse, pour ainsi dire, dans la majesté dont on l'entoure. Enfin, ils placeront l'autorité au-dessus de toute discussion, afin que l'obéissance soit moins pénible. Il ne faudra pas dire pour cela qu'ils ont rien abandonné de leur liberté, mais qu'ils y ont ajouté plus d'égalité ; qu'ils ont mieux aimé ne faire qu'une fois le sacrifice de leur amour-propre, que de le faire à tout moment, d'avoir à se défendre sans cesse et disputer de dignité avec ceux qu'ils coudoient. Il n'y a pas là de contradiction, mais un simple contraste : l'indépendance est la première des libertés, l'égalité en est la seconde.

XXI. *Des autres objections. Comment elles se résolvent. Conclusion. La g .ice de Dieu et la volonté nationale.*

Il en est de même des autres objections que nous avons faites plus haut au système de la convention, et qui semblent ici se retourner contre nous : ainsi ce changement continuel qui se fait dans les lois. Il est clair que, même en nous contentant de la majorité, si ce qu'elle décide aujourd'hui est changé demain, la convention se trouve rompue. L'objection est si juste et si bien prévue qu'on cherche dans les pays libres à remédier à cet inconvénient. Les législateurs qui décident et dirigent ces changements continuels sont nommés exprès, pour donner à une convention qui se rompt sans cesse un assentiment toujours nouveau. Mais je ne vois là qu'une fiction : ce représentant de la majorité peut fort bien ne pas penser comme elle, de sorte qu'il vote pour nous autrement que nous ne ferions. Voilà assurément des arguments sans réplique; mais le bon sens et l'honnêteté nous mettent au-dessus de ces difficultés. La perfection abstraite que l'on établit par le raisonnement ne pouvant se réaliser, il faut se contenter de faire le mieux possible, et suppléer à ce qui manque inévitablement à nos institutions par cette simplicité d'obéissance et ce concours dévoué que tout homme de bien doit à l'ordre public. L'obligation de vivre en société n'est point subordonnée à la perfection des institutions sociales; elle sanctionne même des institutions imparfaites, pourvu qu'elles ne le soient que dans une certaine mesure que nous allons essayer d'indiquer.

Mais d'abord, pour résumer en deux mots cette discussion : l'autorité considérée dans son principe est de droit divin, puisque Dieu impose à l'homme l'obligation de vivre en société, et lui donne le droit d'y contraindre son semblable. Dans l'application et quant à la forme, l'autorité est de droit humain, et c'est au suffrage des nations à instituer les gouvernements. Le droit primitif de l'autorité, le droit divin, appartient à tous, et reste suspendu, pour ainsi dire, entre Dieu et l'homme, jusqu'au moment où les suffrages d'un peuple l'ont fixé et concentré entre les mains d'un seul. Alors celui-là, représentant à la fois la loi divine et les intérêts de l'humanité, est investi de la plus sublime prérogative qui puisse s'ajouter à la personne d'un homme. Il peut avec orgueil employer la légende si glorieusement inaugurée par celui qui préside aux destinées de la France, et qui, après avoir triomphé du sort, a su monter plus haut que sa fortune : *il gouverne par la grâce de Dieu et la volonté nationale*.

CHAPITRE II,

DE LA LÉGITIMITÉ DES GOUVERNEMENTS.

I. *Origine des sociétés : conquête. Des gouvernements :
usurpation.*

L'on devrait, d'après ce qui précède, s'attendre
à voir dans chaque pays l'autorité instituée régu-
lièrement par la volonté nationale. Aucun gouvernement, qui n'est pas la tyrannie, ne devrait avoir
d'autre origine.

Il n'en est rien pourtant : très-rarement, au contraire, les gouvernements commencent ainsi. Il est quelquefois dangereux, souvent difficile ou impossible de consulter une nation, même dans un état libre. D'un autre côté, la plupart des états se sont formés par la conquête ; un grand nombre de gouvernements ont commencé par l'usurpation : et, par la force des choses, il est presque impossible qu'il en soit autrement. Cependant, puisqu'on parle de liberté, il faut bien qu'elle existe quelque part. N'existerait-elle pas, je veux savoir à quels signes on pourrait, en tous cas, la reconnaître.

II. *De l'état de conquête et d'esclavage.*

Personne, sans doute, ne contestera l'évidence absolue des principes suivants :

Premièrement, si un peuple était soumis à une autorité qu'il ne voudrait pas, et qu'il lui fût possible de résister, il n'obéirait pas.

Deuxièmement, si un peuple obéit quand il peut résister, c'est qu'il consent à obéir et ne veut pas d'autre gouvernement que celui qu'il a.

Il ne s'agit donc plus que de savoir à quels signes on reconnaît qu'un peuple peut résister et ne veut pas, ou qu'il veut et ne peut pas résister.

Prenons un peuple conquis et un peuple conquérant, puisque c'est par là qu'ont commencé la plupart des nations. Le jour même de la conquête, il serait puéril de rechercher si le vaincu consent à l'autorité du vainqueur. Mais, à moins d'une de ces luttes qui amènent l'extermination d'une race d'hommes; au bout de quelque temps, l'appareil de la guerre et de la conquête s'évanouit ; et l'on voit l'autorité s'établir paisiblement.

Si l'on prenait le calme de l'obéissance pour l'adhésion, il faudrait en conclure simplement que les mots de *liberté* et de *tyrannie* ont toujours été employés à contre-sens. La tyrannie serait là où l'on voit la lutte, c'est-à-dire là où la liberté est menacée, mais vit encore ; au contraire, la tyrannie ne serait telle que tant qu'elle n'aurait pas été assez forte pour étouffer toute résistance. Quelle est donc la différence entre le calme de l'obéissance volontaire et celui de l'obéissance forcée ?

Admettons d'abord que dans certains cas, quels.

que soient le calme ou la résistance , il serait monstrueux de supposer que des hommes puissent consentir à l'autorité qu'ils subissent. Il est des
droits tellement indispensables au bonheur, à la
sécurité de l'homme , qu'il ne peut s'en laisser
dépouiller autrement que par la force.

Jamais des hommes ne sacrifieront volontaire-
ment la liberté matérielle de la personne, le droit
d'acquérir , d'échanger, de tester, d'avoir une
famille, de pratiquer leur religion et vivre suivant
leur conscience. S'ils se réunissent en société, ce
ne peut être qu'afin de s'assurer une protection
pour ces droits sacrés. Ils peuvent consentir à bien
des choses pour participer au bénéfice de l'association ; mais ils n'iront jamais jusque-là , parce que
ce sont les premiers biens de l'homme et qu'ils
n'admettent pas de compensation ; qu'enfin, l'isolement, les dangers, les privations de la vie sau-
vage ne seraient rien auprès de si affreux sacrifices.
Ne cherchons pas à prouver une chose évidente.
Ainsi, là où des hommes sont réduits à cette condition, c'est qu'ils sont esclaves, et que la force
seule les maintient.

Or, cet exemple n'a rien de rare : souvent

les vainqueurs, pour éterniser les bénéfices de la conquête, ont transformé en habitude et en loi le droit brutal de la victoire. Non contents de prendre la terre, ils se sont attribué la possession des personnes ; ils ont traité les vaincus comme des créatures pour lesquelles il n'existait plus ni patrie, ni famille, ni affection, ni enfin aucun droit. On a vu des hommes attacher et enfermer d'autres hommes comme des bœufs à l'étable, leur laissant la vie et les nourrissant pour ne pas s'appauvrir et perdre le produit de leur travail, les laissant même s'accoupler et se reproduire pour augmenter leur propre richesse ; mais, du reste, arrachant les enfants à leurs mères, les pères à leurs enfants, brisant enfin tous les liens, toutes les affections formées entre ces malheureux, suivant que leur conseillait la cruauté, le caprice, l'intérêt, la luxure.

Voilà ce qui s'est vu et ce qui se voit encore : car ce n'est point ici un tableau forgé à plaisir ; ce n'est que la trop faible image d'une épouvantable réalité, partout où des hommes ont porté ou portent le nom d'hilotes, d'esclaves et de serfs.

III. *Comment il se perpétue. Les Normands en Angleterre. Les seigneurs féodaux.*

Il n'est pas nécessaire de rechercher si des hommes peuvent se résigner à une telle condition : l'on se demande seulement comment une puissance quelconque peut les forcer à la subir. Il vaudrait mieux assurément souffrir une seule mort que de mourir tous les jours, et d'endurer des tortures sans nom dans son âme et dans son corps.

Plutôt la mort que l'esclavage! Oui, mille fois! Malheureusement ce vieux refrain, qui, à le bien prendre, n'a rien d'héroïque, et devrait toujours être le premier mot du code de la dignité humaine, n'est encore que la devise de l'exaltation et de l'héroïsme. Or, l'héroïsme est rare chez les hommes, et ne leur vient guère que par moments ; d'ailleurs, les affections de la nature domptent les plus fiers, et, si peu que l'esclavage leur en laisse, quelque mal garanties qu'elles soient, il en reste encore assez à des esclaves pour enchaîner leur courage et rendre leur âme captive comme leur corps.

D'ailleurs, si l'homme que l'on fait esclave est

mal disposé à obéir parce qu'il a connu la liberté, celui qui naît esclave perd peu à peu, par la souffrance et l'habitude de la peur, tout sentiment de dignité ; de sorte qu'il est, en un certain sens, plus facile de perpétuer l'esclavage que de l'établir.

Aussi le voyons-nous subsister souvent au rebours du nombre. La noblesse qui gouverne l'Angleterre descend de ces conquérants farouches qui l'opprimèrent long-temps. Les Normands de Guillaume n'étaient qu'une poignée comparés à la masse de la nation saxonne ; mais quelques hommes abrités derrière des forteresses et bien armés, tenaient sans peine en respect et faisaient trembler une multitude sans abri et sans armes ou mal armée. D'ailleurs, la discipline double la force des uns ; l'impossibilité de s'entendre éternise la faiblesse des autres. Les vainqueurs se concertent ; les vaincus ne peuvent le faire ; la terreur les isole, et une politique habile peut même les diviser et les armer les uns contre les autres.

Les Saxons asservis en Angleterre venaient en France aider le roi Guillaume à comprimer les efforts des communes normandes, qui voulaient s'affranchir : de même les Normands soutenaient hors de leur pays la conquête qui pesait sur les Saxons. Encore ici la différence des races favorisait cette tactique. Mais dans le même pays les seigneurs du moyen-âge maintenaient leur tyrannie, quoique en petit nombre, en la rendant plus légère pour quelques-uns, et les y associant même dans une certaine mesure. Tous ces hommes qui les accompagnaient à la guerre étaient des tyrans à leur tour : pillant et rançonnant ceux qui ne portaient pas les armes ; ce privilége dans la servitude leur paraissait la liberté, et ils ne sentaient pas le poids d'un joug qu'ils faisaient porter à d'autres.

Enfin, l'esclavage fait l'esclavage. En refusant à des hommes le droit de se mêler aux affaires de l'état, celui de posséder, de s'instruire ; en les privant, en un mot, de tous les droits dont l'exercice compose la vie sociale ; en les condamnant à l'ignorance, à l'abaissement, à la pauvreté, on les condamne par là même à une éternelle faiblesse, on leur enlève tout ce qui fait la puissance et la résistance.

C'est ainsi que l'oppression s'est maintenue

dans le monde paisiblement pendant de longues suites de siècles, et qu'elle y dure encore à la honte de l'humanité.

C'en est là, il est vrai, le terme extrême, et, pour peu qu'elle se prolonge, il est presque impossible qu'elle ne s'adoucisse pas. Le temps, les efforts de l'opprimé, si faibles qu'ils soient, enfin l'intérêt même de l'oppresseur, relâchent peu à peu l'étreinte de ces affreux liens.

IV. *Comment il s'adoucit. Hilotes. Russes. Turcs.*

Un esclave enchaîné et abruti peut bien, à la rigueur, pour le travail de la terre ou quelque autre besogne de ce genre, faire l'office d'un bœuf ou d'un mulet; mais pour le commerce, l'industrie, les sciences, les arts, en un mot pour le développement de toutes ces forces matérielles ou morales qui font la puissance et la grandeur d'une nation, c'est une denrée improductive. Il arrive par là que, pour utiliser ce nombre d'esclaves, les maîtres sont forcés de leur permettre peu à peu un plus libre usage de leurs facultés physiques et intellectuelles, et de mettre entre leurs mains les éléments de la richesse qui sont aussi ceux de la liberté.

C'est ainsi que les serfs du moyen-âge se sont émancipés peu à peu, chez nous au moins, et c'est toujours par là qu'a commencé la résistance et la liberté.

Les Hilotes, enrichis par le commerce et l'agriculture, devinrent souvent redoutables aux Spartiates, et plus d'une fois aussi leurs tyrans, pour se donner toute sécurité, les exterminèrent en masse. Cet expédient barbare suffit, parce que Sparte finit par être conquise, et que vainqueurs et vaincus passèrent sous la domination romaine. Autrement, à la longue, il eût fallu ou affranchir les Hilotes, ou s'attendre à les voir devenir maîtres à leur tour. Il n'eût servi de rien de les exterminer en partie. Par là, on éloignait un peu le danger, mais on ne le faisait point disparaître; au contraire, on le rendait plus terrible en y ajoutant la vengeance. Même sans cela un esclave est un ennemi irréconciliable et toujours à craindre au sein d'une nation.

Et maintenant, quand se déclarent les dangers du dehors, il faut bien ou périr, ou se résigner à utiliser tous ses moyens, par conséquent à armer le bras de l'esclave ; et cette nécessité est aussi celle de l'affranchir.

En Russie, le serf qui passe sous les drapeaux devient de fait un homme libre. Ainsi, le czar, par cette guerre gigantesque qu'il entreprend contre la civilisation, prépare sans s'en douter la ruine de son autorité sans limites, et, quel que soit le résultat de cette insolente agression, il conduit ses soldats à l'affranchissement encore plus qu'à la conquête. Que cette lutte insensée se prolonge quelques années, et l'aristocratie russe s'apercevra qu'il n'est pas permis de cumuler les bénéfices de la tyrannie et ceux de la liberté. Un esclave peut rester esclave ; mais un esclave devenu libre consent difficilement à reprendre sa chaîne, et son exemple devient contagieux pour ceux avec lesquels il l'a portée. Les uns et les autres apprennent bien vite quel est leur nombre et leur force.

Les Turcs n'ont point armé les Grecs ; mais, en évitant ce danger, ils s'en sont créé un plus grand : l'impuissance. Ce peuple, qui jadis a fait trembler l'Occident, ne subsiste plus que par son appui. Voilà ce qu'il lui en coûte d'avoir voulu éterniser la conquête, et d'être, suivant la belle expression de M. de Bonald, resté campé en Europe. Les ressources de l'empire le mieux situé et l'un des plus vastes du monde ne lui ont servi de rien, et il se voit menacé de l'asservissement pour avoir voulu asservir à jamais les vaincus. Aussi la première pensée de nos hommes d'état a-t-elle été d'obtenir du sultan la réforme des barbares institutions des Turcs, afin que les Grecs, devenus leurs concitoyens, fussent désormais leurs soldats.

Ainsi, la force des choses, l'intérêt de l'oppresseur l'obligent à user lui-même peu à peu l'oppression. La Justice éternelle a voulu protester contre l'abominable abus de la force, en faisant que l'injustice et la spoliation fussent en même temps l'isolement et la faiblesse.

Dans ces luttes dont les passions des hommes ont rempli et rempliront encore l'histoire, on s'étonne parfois que le succès soit du côté de celui qui est en apparence le moins fort. Mais il ne suffit pas de compter le nombre des hommes pour savoir celui des soldats. Il faut aussi calculer les forces que développe le droit, la liberté, et qui effacent des différences presque infinies.

Enfin, il n'y a pas accord éternel entre les maîtres unis d'abord par l'intérêt de la conquête : d'autres passions et d'autres intérêts les désunissent tôt ou tard. Alors encore il faut bien que l'esclave se mêle à ces querelles, et, par conséquent, se rapproche de lui.

Quoi qu'il en soit, il est inévitable que la condition première du vaincu s'adoucisse peu à peu, et qu'il y succède un état de société qui, s'il n'est pas tout-à-fait la liberté, n'est plus complètement l'esclavage. Les distinctions deviennent moins profondes et moins outrageantes entre le vainqueur et le vaincu. Il serait inutile d'établir ici l'échelle de ces divers degrés : l'on éprouve seulement un certain sentiment de fierté à dire qu'il ne se trouve plus dans notre patrie de ces inégalités déshonorantes qui rappellent la conquête. Mais, là où elles subsistent, la lutte dure inévitablement : une concession arrachée à la tyrannie donne le moyen de lui en arracher d'autres, et un peuple ne s'arrête guère dans cette voie que lorsqu'il est arrivé à la liberté, c'est-à-dire au point où l'obéissance devient volontaire.

V. *Où finit la conquête et l'esclavage. L'Angleterre.*
Les Arabes. Indépendance.

Si l'on voulait fixer d'une manière abstraite le point précis où commence cette obéissance, il faudrait dire que c'est au moment où tous les membres d'une société sont en possession des mêmes droits. L'égalité des droits, telle qu'elle est établie chez nous, par exemple, est le principe essentiel de l'association, la marque irrécusable de la liberté. Toute inégalité des droits suppose et amène l'inégalité des forces, et permet de croire à l'oppression. Nous voyons cependant des nations qui passent pour être libres se faire à des institutions moins parfaites. L'Angleterre est citée comme un pays de liberté, et pourtant l'aristocratie y conserve encore de grands priviléges, qui dérivent évidemment de la conquête. Mais un gouvernement habile, en exaltant avec soin les droits qu'il a concédés au reste de la nation, l'a disposée à oublier ceux qui lui manquent. D'ailleurs, il a porté si haut la gloire, la puissance, la prospérité de ce pays, qu'il a intéressé l'orgueil national au

maintien de ces institutions, et l'a habitué à confondre dans un même sentiment de patriotisme
le privilége et le droit.

L'on pourrait citer d'autres peuples qui se sont
contentés de moins encore, et qui, cependant, ont
obéi sans être esclaves. C'est qu'en effet, si la
raison demande quelque chose de plus, les mœurs
et les lumières des peuples ne vont pas toujours
aussi loin que la raison. Ils veulent de la liberté
ce qu'ils en connaissent ; et, quand ils ont ce qu'ils
veulent et qu'ils croient être libres, qui pourrait
dire qu'ils ne le soient pas ? Il suffit qu'ils aient
ces principaux droits que le vainqueur refuse au
vaincu, et qui lui permettent d'en conquérir
d'autres et de faire prévaloir sa volonté. Alors,
s'ils obéissent, ils consentent, et le pacte s'accom-
plit tacitement. La conquête devient la liberté,
ou plutôt elle cesse et s'oublie, quelque odieuse
qu'elle ait été dans l'origine.

Elle n'est pas toujours aussi violente ni aussi
injuste que celle que nous avons décrite. Les
conquérants ont été quelquefois assez sages pour
comprendre qu'en faisant les vaincus esclaves, au
lieu de les faire citoyens, ils s'affaiblissaient, et

entretenaient au milieu d'eux un danger perma-
nent. C'est pourquoi, contents de leur enlever leur
indépendance, ils ont partagé avec eux tous les
droits ; quelquefois même ils leur en ont donné de
plus étendus, et les ont fait jouir d'un gouvernement
plus doux. Alors la lutte cesse plus vite, parce qu'il
y a moins de causes qui l'entretiennent. Il sem-
blerait même qu'un peuple doit se donner volontiers à celui qui le gouverne plus doucement, si
l'on ne savait que l'indépendance est la première
des libertés. Les Arabes trouvent en nous des
maîtres plus modérés que leurs propres chefs, et
néanmoins ils ne se soumettent que par la force.
Dans ce cas, pourtant, il est inévitable qu'une
transaction intervienne bientôt. Quand la résistance ne tient qu'à l'orgueil et aux souvenirs, la
fatigue et les dangers de la lutte, le soin des
intérêts présents l'affaiblissent bientôt. D'ailleurs,
si le vainqueur, effaçant toute distinction, associe
le vaincu à son bien-être, à sa civilisation, à
ses triomphes ; l'orgueil combat l'orgueil, et
l'on s'efforce d'oublier des regrets impuissants
pour se parer de la splendeur d'une nationalité
nouvelle.

Entre deux peuples ainsi réunis, la guerre cesse presque avec la bataille, ou au moins, en peu de temps, l'on voit disparaître les méfiances et les précautions. Vainqueurs et vaincus ne sont plus qu'un seul peuple, gouvernés par une seule autorité fondée sur un seul consentement.

VI. *Usurpation. Comment elle se légitime.*

C'est ainsi que plus ou moins le temps consacre et légitime l'œuvre de la conquête. Il en va de même de l'usurpation, qui n'est qu'une conquête passagère au milieu d'un peuple libre. Je dis au milieu d'un peuple libre ; car, si l'on suppose une société partagée en maîtres et en esclaves, le changement de gouvernement reste inaperçu pour les esclaves, et n'a lieu que par rapport à ceux qui composent la nation.

Tout pouvoir qui en renverse un autre, est, à le bien prendre, une usurpation. Mais quelquefois l'usurpation est un hasard funeste enfanté par l'audace coupable de quelques hommes, et qui s'efface bientôt sous la réprobation générale. D'au-

tres fois, au contraire, le renversement de l'ordre
établi est le rétablissement de l'ordre selon la
justice. On aurait trop de bonhomie, en vérité, si
l'on attendait des hommes qu'ils détruisent eux-
mêmes les abus dont ils profitent : quand l'autorité
est le désordre, l'usurpation est la légitimité. Elle
se fait d'elle-même, et est ratifiée aussitôt par l'assentiment de tous, comme on l'a vu chez nous
deux fois en un demi-siècle.

Obéir quand on peut résister, tel est le terme
où finit la conquête et l'oppression, où commence
la nationalité et la liberté. A ce point, on consent
au gouvernement par cela seul qu'on obéit, et il
n'y a aucune différence entre celui qu'une nation
conserve et celui qu'elle se serait donné.

Sans cela, ce serait à rechercher éternellement,
à discuter sans fin, à remonter de degré en degré
jusqu'à des origines inconnues, à s'enfoncer dans
un ténébreux chaos de dates, de races, de con-
quêtes. C'est là une occupation bonne pour un
philosophe lunatique, ou pour un politique fourbe
qui veut déguiser sous ces chicanes l'emploi de
la violence; mais un homme sérieux et impar-
tial range ces raisonnements parmi les mensonges

et les niaiseries. Encore une fois , là où finit la conquête, finit l'oppression ; ou , pour être plus exact , là où commence l'égalité , la liberté commence.

VII. *Que l'oppression d'un peuple par lui-même est impossible.*

Si l'on veut contester ce point , il faut arriver à prouver qu'un peuple peut vouloir s'opprimer lui-même , ou qu'il peut consentir à entretenir lui-même l'oppression qui pèse sur lui. On a vu souvent un peuple opprimer un autre peuple , quelquefois plusieurs ensemble , et même alors plus facilement. En excitant habilement des préjugés nationaux , des hostilités de race , il les empêche de s'entendre contre l'ennemi commun , et parvient à faire que chacun d'eux soit conquérant chez les autres et esclave chez lui. Chose singulière ! l'oppression est jusqu'à un certain point d'autant plus facile que les opprimés sont plus nombreux , pourvu qu'ils soient divisés à proportion ; leur nombre même contribue à l'équilibre , et permet au conquérant de se maintenir à moins de frais. Un seul peuple luttant sans cesse contre un autre peuple, si faible qu'il fût, finirait par se fatiguer et épuiser ses ressources ; tandis que par cette combinaison, employant les forces des autres, il suffit à tout sans qu'il lui en coûte rien.

VIII. *Force publique.*

Mais ce qu'il est facile de faire avec des peuples conquis, divisés de race, de langue et de mœurs, il n'est point possible de le faire, quoi qu'on en dise, avec les citoyens d'une même nation. Ce n'est pas peu de chose que d'armer constamment les uns contre les autres des hommes qui parlent la même langue, labourent le même sol, qui ont vu le jour sous le même soleil et se sont pour ainsi dire réchauffés à un foyer commun. On aurait beau employer au nord de la France des soldats du midi, que l'on ne parviendrait pas à opprimer l'un par l'autre le nord et le midi. Quelques degrés paraissent beaucoup sur une carte, mais ils ne brisent pas les liens naturels qui unissent des hommes, les intérêts, les affections. Qu'importe

que le soldat ne voit pas son champ et sa famille,
s'il en retrouve partout l'image? Comment alors
lui persuader qu'il doit se faire l'ennemi et le tyran
de ses concitoyens, lorsqu'il sort de leurs rangs et
s'apprête à y rentrer? La chose, je le répète, n'est
ni facile ni possible, et il faut, dans ce cas, se
résigner à voir dans la force publique un développement naturel et une sauvegarde de la liberté.
A chaque instant, les intérêts privés s'élèvent
contre l'ordre, menacent la paix publique, et né-
cessitent l'emploi de la force. Ceux qui en sont les
dépositaires ou les instruments agissent en notre
nom quand ils répriment le désordre, et ils font
prévaloir notre volonté sur le caprice de quelques-
uns qui serait la tyrannie.

Mais au milieu des complications infinies d'une
vaste société, tout le monde ne pouvant suffire
à tout, il a fallu limiter l'emploi de chacun.
Les soldats s'arment pour nous, tandis que nous
travaillons pour eux d'une autre manière : ce
sont des forces qui marchent d'accord. Malheureusement la machine se compose de tant de pièces
que, si bien qu'on les ait combinées entre elles,
nous n'en voyons presque jamais qu'une à la fois.

Très-peu ont assez de force d'esprit , et , pour tout dire, assez d'impartialité pour en saisir le rapport. Voilà pourquoi la liberté a souvent les apparences de la tyrannie, et pourquoi les déclamateurs et les sophistes ont presque toujours beau jeu contre l'ordre établi.

CHAPITRE III.

DU DEVOIR. LE DEVOIR EST LITTÉRALEMENT LA VIE DE L'HOMME.

---

1. Fausse manière de présenter le devoir. Conséquences.

Nous avons fait voir jusqu'ici sur quoi repose le droit de l'autorité. Mais c'est ne rien faire que de prouver que ce devoir existe, si l'on ne trouve moyen de persuader aux hommes d'obéir. Or, tout devoir est pénible, et celui-là par-dessus tous les autres. Notre intérêt pourrait, à la rigueur, nous engager à subir cette contrainte; mais, quand on l'impose au nom du devoir, on y ajoute une difficulté de plus.

Il faut l'avouer, le nom du devoir n'est pas en crédit. D'abord, une certaine école ne connaît que les droits de l'homme, et ne lui prescrit d'autre devoir que son intérêt; ensuite, une autre école aide à celle-là par l'exagération contraire. On s'est tellement appliqué à dire à l'homme qu'il n'était capable que de l'erreur, que son esprit était borné et impuissant; on s'est tellement servi de sa raison pour lui prouver qu'il ne devait pas se servir de sa raison, qu'il devait renoncer à lui-même, s'anéantir dans le sentiment de sa faiblesse; on lui a tellement représenté la morale comme un abri ouvert au désespoir de son intelligence, que, placé dans la nécessité de choisir entre l'exagération du droit et celle du devoir, il a choisi, sinon la plus vraie, au moins la plus commode, et a mieux aimé sacrifier ses devoirs que ses droits.

S'il est bon de rappeler à l'homme sa faiblesse pour le maintien de la discipline, il faut craindre aussi d'ôter à son âme tout ressort, en étouffant chez lui le sentiment de sa dignité. On le trompe, et, au besoin, on le corromprait de deux manières. Il n'est pas d'erreur qui mène à bien. Il arrive de là que beaucoup d'hommes révoltés d'une morale maussade et humiliante laissent le devoir aux âmes faibles, aux esprits bornés, aux benêts.

Il est facile de voir pourtant que le devoir est, au contraire, la force, la dignité, l'excellence de l'homme, et que ni l'individu ni la société ne sont rien sans la discipline. C'est ce que je me propose d'établir. Je ne m'excuserai pas de m'étendre sur ce sujet, ni de remonter un peu haut : le sujet porte avec lui son excuse, et vaut toujours la peine qu'il peut donner.

II. *Définition de la vie propre à l'homme. Intermittences amenées par la sensation.*

Si quelqu'un disait que le devoir est la vie de l'homme, personne, à coup sûr, ne voudrait contredire : on se ferait même un point d'honneur d'approuver. Seulement tout le monde entendrait que celui qui parle ainsi emploie une métaphore, et veut dire que le devoir est la seule vie digne de l'homme. Mais s'il prétendait que sérieusement le devoir est la vie de l'homme, que nous ne vivons que dans le devoir et par lui, il n'est personne assurément qui ne le prît pour un fou. Eh bien ! rien n'est plus vrai pourtant, et l'observation des faits les plus communs nous montrera qu'à prendre les mots dans leur sens rigoureux, l'homme ne vit que dans la pratique du devoir. Cette activité qu'il semble avoir quand il fait le mal est toute extérieure et illusoire. Elle est une mort réelle sous l'apparence du redoublement de la vie, un fracas qui se fait en lui, malgré lui, au milieu duquel sa volonté et son intelligence ne comptent plus pour rien, et qui réduit son existence à la vie de l'animal.

La vie de l'homme, j'entends par là celle qui lui est propre, n'est pas de digérer et de se mouvoir ; mais de se connaître, d'avoir conscience de son existence, de ses actes, de ses pensées, de se dire à lui-même : *Je suis, je veux, je pense.*

La brute existe, la plante végète, l'animal sent, l'homme se connaît[1]. Où finit la vie de l'animal

[1] En observant cette gradation et s'appuyant sur ce principe évident qu'il n'y a pas de néant, et par conséquent

la sienne commence, en marquant un degré de plus dans l'ordre de la création. Son caractère propre est de se connaître. La conscience fait la différence entre la sensation et l'idée, entre l'animal et l'homme. L'homme peut se définir un animal qui se connaît [1].

Si telle est la vie de l'homme, on voit tout de suite qu'elle est sujette à des intermittences, et qu'il ne vit pas autant qu'il existe. L'excès du plaisir ou de la douleur, les sensations les plus

pas de saut brusque dans la nature, on arriverait tout de suite à cette conclusion, qu'il est des êtres supérieurs à l'homme qui remplissent l'intervalle entre lui et Dieu. — Si l'on admettait la *matérialité* de la matière, cette série des êtres serait impossible à établir, attendu qu'il y a un abîme infranchissable entre rien et quelque chose, et que la matière matérielle est le néant de la force, et par conséquent échappe à Dieu. Mais, en la prenant pour un agrégat de forces simples, comme la raison le démontre invinciblement, cette série s'établit sans obstacle. — Le même principe, appliqué à un autre ordre d'idées, nous donnerait la preuve presque géométrique de l'immortalité de l'âme, des peines et des récompenses.

[1] Je crois cette définition plus rigoureuse que celle d'animal raisonnable. Tout animal qui se connaît est nécessairement raisonnable; un animal raisonnable peut ne pas se connaître. L'abeille est raisonnable, puisqu'elle agit d'après les lois de la raison dans la construction de ses cellules; mais elle ne connaît ni sa raison ni elle-même.

ordinaires agissant sur un corps affaibli par de longues souffrances, et, par là, devenues excessives, amènent le phénomène de l'évanouissement. L'ivresse produite par les fumées du vin montant au cerveau est un évanouissement moins complet ; mais, dans l'un et l'autre cas, l'homme perd la conscience de lui-même, et, partant, il cesse de vivre : je dis de vivre comme homme, car peu importe ou peu importerait que les phénomènes de la vie animale subsistent encore si l'homme ne se connaît plus.

III. *La sensation est absolument opposée à la conscience.*

L'effet des sensations extrêmes étant d'interrompre la vie de l'homme, on concevrait difficilement que celui des sensations moyennes ne le trouble pas en proportion, à moins de supposer que la nature propre d'une cause change avec l'intensité de son action. Les divers degrés du plaisir et de la douleur doivent donc marquer nécessairement dans un ordre inverse les divers degrés de la vie. Si nous descendions en nous-mêmes pour observer attentivement ce qui s'y passe, nous verrions que les effets des sensations ne diffèrent entre eux que par la durée, et qu'à chaque instant la vie est interrompue en nous par le plaisir et la douleur. Mais ce phénomène, qui est manifeste dans certains cas, devient moins facile à saisir dans les circonstances ordinaires. La sensation et la conscience, la vie et la mort se touchent de si près, se succèdent si rapidement dans notre existence, qu'elles semblent presque se confondre, et qu'il est besoin du raisonnement pour les démêler et suppléer à l'observation de ces faits si complexes, si délicats. Nous croyons que la conscience s'allie à la sensation, parce que nous disons : *J'éprouve du plaisir, de la douleur;* mais, en réalité, nous en parlons par souvenir et non par conscience. En tant que nous les éprouvons, nous cessons de nous connaître, et l'idée nous en reste parce qu'ils ont interrompu en nous le mouvement de la vie.

Une circonstance aide à cette illusion : c'est qu'un certain nombre de sensations, comme par exemple la vue et l'ouïe, sont si fréquentes, que l'habitude les émousse complètement, et en ôte le plaisir et la peine. Dès-lors, comme nous ne les remarquons plus, nous supposons qu'elles n'ont plus d'effet. Cependant elles agissent sur nous continuellement, et elles nous rendent la réflexion pénible. Un métaphysicien profond du commencement de ce siècle, Maine de Biran, analysant la conscience, remarque qu'elle est toujours accompagnée d'un certain effort. Cette observation échappe inévitablement au commun des hommes, parce que le sentiment vague qu'ils ont d'eux-mêmes est mêlé en portions presque égales de sensation et d'idée : toutefois rien n'est plus vrai, et, sans être métaphysicien, chacun peut s'en convaincre par analogie.

Je n'apprendrai à personne quel travail pénible est le travail d'esprit, et combien il faut d'efforts pour rentrer simplement en soi-même et suivre le fil de ses idées. Or, par quoi sont occasionnés ces efforts, si ce n'est par la lutte que nous sommes obligés de soutenir contre la sensation? Les impressions que les sens transmettent continuellement au cerveau, alors même qu'elles ne sont pas accompagnées de jouissance ou de douleur, ont encore pour effet de détourner notre esprit de l'objet qu'il poursuit, c'est-à-dire les idées. Voilà

pourquoi nous leur donnons le nom de *distraction*. Pour rester tout entier à son étude, il faut
anéantir la sensation.

Remarquons, en effet, que toute trace de sensation disparaît dans l'*idée*. Non-seulement ce mot
n'exprime ni plaisir ni peine; mais encore l'objet
qui est entré chez nous par la sensation, si l'on
me permet ce langage, y laisse une image qui ne
lui ressemble plus : elle s'est transformée en nous
d'après les lois nécessaires de la raison. La sensation d'un corps solide, carré, etc., est devenue
l'idée de substance, de forme, d'espace, etc.

Pour que cette métamorphose s'opère, il est
indispensable, on le comprend, que la sensation
même qui se transforme en nous disparaisse, et que
les sensations qui succèderaient cessent d'arriver
jusqu'à l'âme. Si l'on veut admettre que ces deux
phénomènes peuvent subsister ensemble, on est
forcé d'admettre aussi que l'homme peut être deux
choses à la fois, homme et animal. Remarquons,
en effet, que l'idée étant de sa nature différente de
la sensation, l'esprit devrait, pour être occupé de
toutes les deux en même temps, se partager en
deux, et regarder au même moment à deux en-

droits différents. Or, c'est là une chose impossible pour l'esprit comme pour le corps. Nous croyons saisir d'un seul coup-d'œil l'ensemble d'un objet, parce que le mouvement infini de la vision nous fait parcourir une infinité de points en un instant aussi rapide que la vision elle-même; mais, de fait, nous n'en saisissons qu'un point mathématique. Supposer qu'on peut faire plus, c'est vouloir qu'un objet soit ici et là; qu'il soit ce qu'il est et autre chose; qu'il soit et ne soit pas. L'absurdité d'une telle proposition ne peut pas plus se démontrer que l'évidence de certaines autres. Or, il en est de même de la vue de l'esprit : si elle est occupée à la sensation, elle ne peut l'être à l'idée; si elle est fixée à l'un, elle ne peut être fixée à l'autre. Donc, par cela seul que la sensation et l'idée sont différentes, elles sont opposées, et s'excluent absolument en nous. Ce sont deux vies différentes entre lesquelles l'homme peut se partager dans la succession des temps, vivant tantôt de l'une, tantôt de l'autre; mais il ne peut vivre des deux à la fois. Ainsi, quand l'homme se connaît, et au moment où il se connaît, la sensation a disparu de la conscience : il se trouve pour ainsi dire muré chez lui, et les impressions du dehors expirent au seuil de son asile.

IV. *La conscience ne subsiste en nous que par la lutte contre la sensation. Travail de cabinet. Fatigue. Rêverie. Sommeil.*

On conçoit que c'est, pour en venir là, un travail des plus pénibles ; car, s'il nous est donné de fermer la porte à la sensation, il nous est impossible, qu'on me passe le mot, de l'empêcher de frapper à la porte. Ainsi, tandis que l'esprit se concentre dans ses idées, il faut encore qu'il fasse effort contre les sens qui viennent troubler ses opérations : il a donc la double peine de résister et d'agir. Telle est, je le répète, la cause qui nous rend si pénible le travail de la réflexion. Les Grecs, qui ont tout compris et tout dit, n'exprimaient sans doute pas autre chose quand ils parlaient de ce trouble, de ces transports qui accompagnent l'inspiration prophétique ; ils voulaient figurer par là cette lutte douloureuse que l'homme engage contre la sensation pour se mettre et pour rester en possession de lui-même.

La faiblesse de l'homme ne lui permet pas de

prolonger indéfiniment cet effort, ou plutôt cette fatigue. Au bout d'un certain temps, dont l'énergie de notre volonté peut reculer, mais non supprimer les limites, le besoin du repos se fait sentir impérieusement. Alors les ressorts se détendent comme d'eux-mêmes ; l'homme cesse de combattre les sensations, et se laisse emporter à la dérive sur ce courant, comme un rameur fatigué d'un trop long exercice. Cet état de l'âme, où nous réparons nos forces pour de nouveaux combats ; et dans lequel les sensations se succèdent confusément en nous sans y laisser de trace, s'appelle la rêverie. Le sommeil, dont elle est l'image et l'avant-goût, n'est qu'un repos plus complet que la nature nous a ménagé à des intervalles réguliers pour refaire à la fois l'homme et l'animal : la rêverie est un supplément du sommeil particulier à l'homme d'étude. Ceux qui exercent leur corps seulement, n'ont besoin que de reposer et de refaire le corps.

V. *Bichat. Sa définition de la vie.*

En résumé, la vie n'est en nous que par intervalles, et ne s'entretient que par la lutte, et l'on pourrait appliquer à l'âme ce que Bichat dit du corps. Ce grand homme, qui a fait en quelque sorte la métaphysique du corps humain, définit aussi bien la vie de l'âme que celle du corps, quand il dit qu'elle est *l'ensemble des fonctions qui résistent à la mort.* Oui, la vie est au prix de la lutte : il faut qu'un effort continuel soutienne ou ranime la personne humaine toujours prête à défaillir sous les assauts de la sensation. Telle est, dans son sens le plus général, la loi du travail imposée à l'homme. La perfection, qui est en Dieu, n'admet point ces combats et ces douleurs; il tire de lui-même son propre mouvement, et il est, suivant cette autre définition sublime d'Aristote, *une pensée qui se pense elle-même.* Mais, chez l'homme, la vie ne vient que de la lutte contre les forces extérieures : d'où l'on voit que sa paresse le fait souvent cesser de vivre, et ajoute des intermittences à celles que sa faiblesse rend inévitables et que la nature a elle-même établies.

VI. *Développement de l'énergie qui nous est propre à mesure que la sensation est plus forte.*

Maintenant, les sensations étant inégales, elles

veulent pour les combattre des efforts inégaux. Par conséquent, si la force qui lutte en nous était limitée; il arriverait un moment passé lequel nous succomberions nécessairement. Mais il n'en est pas ainsi : les forces matérielles restent constantes, parce qu'elles ne s'appartiennent pas ; et il ne dépend pas d'elles de se laisser défaillir ou de se développer. Le poids d'une pierre est toujours le même, et la résistance qu'elle oppose à la main qui la soutient ne diminue ni n'augmente ; mais il est de l'essence de la force libre de ne trouver qu'en elle-même la limite de son mouvement. Le principe ne dépend pas de nous ; mais il nous est donné d'en développer les effets, et de réagir dans la même proportion que l'obstacle grandit.

VII. *Travail de cabinet.*

Nous avons parlé de la difficulté de recueillir ses idées pour le travail de l'esprit. Il va sans dire que cette difficulté augmente à mesure que le sujet est plus abstrait, c'est-à-dire plus différent des objets réels. Toutefois on y parvient : peu à peu le monde des sens disparaît pour le philosophe et pour le savant ; ils vivent par la pensée tout entiers à la contemplation pure de la vérité. Cette disposition devient quelquefois chez eux une habitude , et produit ce que nous appelons, dans un autre sens, la *distraction*. Ainsi confinés en eux - mêmes et étrangers à ce qui se passe autour d'eux, ils nous surprennent par la bizarrerie de leurs actes et de leurs discours. Le bon La Fontaine, *le père Ampère*, comme nous l'appelions à cause de son apparente bonhomie, ou, comme la postérité l'appelle déjà , l'illustre Ampère, en sont des exemples célèbres. Le vulgaire s'amuse de ce qu'ils font, et n'y trouve rien que de plaisant : celui qui le comprend mieux l'admire, parce qu'il y voit la preuve d'un puissant effort de la volonté.

VIII. *Lutte contre la douleur. Sauvages.*

J'ose dire qu'il n'y a rien de plus grand dans la lutte que l'homme engage contre la douleur ou le danger; mais celle - ci nous frappe davantage , parce que la douleur et l'idée du danger nous sont plus familières : cependant il n'est pas rare de voir l'homme les surmonter. Tous les récits des voyageurs s'accordent à nous dire que les sauvages supportent les tourments les plus affreux sans laisser échapper un cri de douleur, sans donner une marque de faiblesse, en insultant à la rage impuissante de leurs ennemis, et leur arrachant ainsi la moitié de leur victoire.

IX. *Saint-Arnaud. Le prince Napoléon. Jean de Witt. Socrate.*

Mais, dira-t-on, la fibre est plus dure chez les sauvages, et d'ailleurs ils se sont endurcis par l'habitude et préparés contre toutes les épreuves. Eh bien ! nous trouverons le même héroïsme chez l'homme amolli par l'usage et les douceurs du luxe. Saint-Arnaud, déjà sous la main de la mort, lui dispute un reste de vie, un dernier jour de gloire ; il reste douze heures à cheval, au milieu des tortures de l'agonie, et, suivant l'expression de celui qui pouvait le mieux sentir et rendre la sublimité d'un tel effort, *il force la mort à attendre qu'il ait vaincu.*

A quelques jours de là, un prince de glorieuse espérance renouvelle cet exemple, et apprend à l'Europe que le génie de Napoléon revit sur les champs de bataille comme aux Tuileries.

Encore pourra-t-on dire que l'exaltation de ces moments solennels peut combattre et faire oublier la souffrance ; mais lorsque Jean de Witt subissait la torture, lorsqu'il entendait retentir à ses oreilles les vociférations d'une populace en fureur, et qu'au milieu des tourments il récitait de beaux vers d'Horace, sublimes ce jour-là dans sa bouche ; quel secret avait-il donc pour se rendre insensible à l'atteinte des instruments de mort qui déchiraient ses fibres et faisaient craquer ses os ? Son corps était-il pétri d'une autre matière que le nôtre, ou bien est-ce plutôt que l'âme luttait contre les souffrances du corps ?

Enfin, l'attente de la mort est une épreuve plus terrible, une sensation plus redoutable que la mort même. Aussi la société, qui veut se défendre et non se venger, épargne-t-elle ce supplice aux misérables qu'elle condamne à perdre la vie, et, à défaut de toute autre, elle leur accorde encore cette pitié. Socrate attendit un mois l'heure fatale, et pendant ces trente jours, qui eussent été pour la plupart des hommes trente siècles d'agonie, il s'entretint tranquillement avec ses disciples, comme il avait coutume de faire avant son jugement. Encore une fois, d'où vient que son sang ne refluât pas vers son cœur ou ne se glaçât pas dans ses veines? D'où vient le calme de Socrate et de ceux que nous avons cités? D'où vient l'héroïsme du soldat, d'où viennent les simples distractions du savant, si ce n'est que la volonté peut toujours commander à la sensation, se connaître, se posséder au milieu du tumulte des sens, en face du danger et de la mort?

X. *En quoi consiste la vie de l'homme. Que la vie se développe en proportion de l'effort contre la sensation. Gérard, le tueur de lions. Condé.*

Maintenant, si cette possession de nous-mêmes était uniforme, et qu'il fallût seulement un effort différent pour y arriver; enfin, si la vie nous coûtait un peu plus ou un peu moins, mais demeurait toujours la même, la Providence eût encouragé la lâcheté en ne récompensant pas l'héroïsme, et ce serait presque un devoir de réduire sa morale à fuir le travail, le péril, la douleur, pour peu qu'on craignît d'y succomber. Mais il n'en est pas ainsi : cette force qui lutte en nous contre la sensation et qui s'y développe par la lutte, la volonté c'est nous-mêmes. La sensation est un accident fugitif qui ne fait que se produire en nous et disparaître, la raison est la loi nécessaire des opérations de l'âme; mais ni la sensation ni la raison ne nous appartiennent. Ce qui nous appartient, ce qui est nous-mêmes, la substance enfin que nous sommes, que chacun appelle *moi*, c'est la volonté.

Si la volonté c'est nous-mêmes, le mouvement de la volonté c'est la vie. Ainsi, la lutte contre la sensation, en développant l'énergie de la volonté, doit par cela même y redoubler la vie. L'imperfection du langage humain ne permet pas de définir assez clairement une idée aussi délicate pour la rendre sensible à celui qui ne la trouverait pas de lui-même. Je renvoie là-dessus ceux qui désireront une explication plus complète à un homme qui probablement ne se pique pas de métaphysique, mais à qui la vie elle-même a fait comprendre la vie. *Le Moniteur* publiait, il y a quelques mois, une lettre de notre chasseur de lions, le capitaine Gérard, dans laquelle cet homme intrépide rendait compte de l'émotion particulière

que peuvent faire naître en nous ces terribles ren-
contres qu'il a recherchées si souvent. Il y peignait,
dans son langage éloquent et pittoresque, l'exaltation sublime à laquelle monte l'âme quand elle
parvient à dominer par l'énergie de la volonté
l'impression du danger. Sûrement, cette lettre
rappellera à tous ceux qui la liront un des plus
beaux passages de l'oraison funèbre du prince de
Condé : « Dans le feu, dans le choc, dans l'ébran-
» lement, on voit naître tout-à-coup je ne sais
» quoi de si net, de si posé, de si vif, de si ar-
» dent, de si doux.... qu'on ne sait d'où peut lui
» venir ce mélange de qualités si contraires.....
» *Son esprit s'élevait alors, son âme paraissait*
» *éclairée comme d'en-haut en ces terribles ren-*
» *contres.* »

XI. *Vie des villes. Vie de village. Exercice de l'autorité.*
Vie d'étude.

Ainsi, la vie se développe en nous avec l'effort
de la volonté, et plus les ressorts de la volonté
sont puissants, plus l'homme doit être porté à
rechercher les occasions de lutter, et à se trans-

porter sur un théâtre où sa force puisse se déployer à l'aise.

Ce charme secret qui nous attire vers les grandes villes est pour les uns instinct de paresse, pour les autres besoin d'activité. Les premiers y accourent pour y chercher des distractions, pour s'étourdir par le bruit et le spectacle des hommes et des choses. Je préviens ceux-là qu'ils agissent à contre-sens, et je veux leur donner un conseil des plus expédients. Je leur suppose un revenu honnête qui les dispense de tout travail. Au lieu d'aller le dépenser à Paris ou à Londres, qu'ils se confinent au fond de la province, dans une petite ville plutôt que dans une grande, dans un village plutôt que dans une ville; qu'ils se procurent la compagnie de deux ou trois individus au plus, désœuvrés comme eux et moins riches qu'eux, afin qu'au moyen de quelques politesses ils les trouvent plus complaisants; qu'ils choisissent un recoin obscur et tranquille dans un taudis peu fréquenté; là, accoudés à une table un peu grasse, un jeu de cartes qui reluisent, une vieille pipe, un pot de bière, un journal long et platement rédigé, deux benêts qui le commentent en vidant leur verre, et

racontent ensuite avec des rires bruyants quelque
gaudriole inepte toujours la même : en voilà plus
qu'il ne faut pour procurer à un fainéant cette
somnolence mille fois préférable à toutes les distractions qui n'ont d'autre but que de perdre le
temps.

Ce conseil, j'en suis sûr, sera goûté, et il est
déjà suivi par beaucoup de gens sur le retour, qui
quelquefois même ont mené étant jeunes une vie
agitée. Mais une telle existence est faite pour ceux
qui ont fatigué leur corps et peu exercé leur esprit.
Il faut à l'homme vraiment digne de ce nom une
carrière plus vaste et des objets plus capables de
l'occuper. Voilà pourquoi il se sent attiré vers les
villes, parce qu'on y a plus à faire ; voilà pourquoi
les carrières les plus laborieuses ont pour nous le
charme le plus irrésistible : la vie d'étude, qui est
si fatigante ; la vie du soldat, qui est si périlleuse ;
l'exercice de la puissance suprême, qui est à la fois
si plein de fatigues et de périls. Elles nous prépa-
rent, il est vrai, toutes les luttes, toutes les an-
goisses ; mais elles multiplient à l'infini les forces
de la vie humaine.

Gouverner le monde, être placé au-dessus de

tous les besoins journaliers et de ces calculs mesquins qui oppriment l'intelligence et rétrécissent le cercle de l'existence, voir aboutir à soi tous les ressorts de la vie d'un grand peuple, veiller à ses intérêts, représenter le droit, la justice, diriger le présent, préparer l'avenir, être Charlemagne ou Napoléon; certes, c'est là une belle vie et digne de l'ambition des cœurs généreux !

Mais, à côté de cette royauté que la fortune donne et dont si peu savent se montrer dignes, il en est une autre qu'on ne peut exercer qu'autant qu'on en est capable, et qui nous fait monter aussi au-dessus du commun niveau : je veux dire la royauté du génie. L'on peut, à bon droit, envier la destinée de ceux qui ont gouverné le monde par l'intelligence, et fait prévaloir les conseils de leur sagesse, soit en éclairant la raison des hommes, soit en frappant leur imagination par de fortes peintures. Qu'importent al s et la pauvreté, et les veilles, et le pénible labeur de l'esprit, pourvu qu'on réussisse à se répandre et à vivre dans l'humanité? On se console de tout par la gloire et par ces voluptés sublimes que donne la possession de soi-même, et qui sont la splendeur de l'existence.

La disposition passagère où nous placent ces épreuves solennelles devient peu à peu une habitude : l'homme grandit insensiblement par la lutte et devient le héros.

XII. *Que la vie ne se mesure pas à la durée. Ce que c'est que vivre beaucoup.*

Celui qui aurait une grande frayeur de la mort ferait bien de réprimer en lui cet élan d'activité. Tout le monde sait qu'il n'est rien d'aussi capable d'épuiser nos forces et d'abréger la vie. Il ne s'agit ici que de la vie du corps. Celle de l'âme s'agrandit, au contraire, de tout ce qu'elle enlève à l'autre. Elle ne se mesure pas à la durée de nos organes, et l'on doit l'estimer par ce qu'elle donne et non par l'espace qu'elle remplit. Lequel des deux aurait le plus de valeur, ou d'un vase qui se briserait pour laisser échapper une liqueur précieuse, ou de celui qui resterait toujours intact, mais toujours fermé ou toujours vide ? Et, pour continuer cette image, quelque imparfaite qu'elle soit : si cette liqueur de la vie était une quantité invariable ; on pourrait choisir entre la distiller goutte à goutte ou la verser à flots en une fois. Mais elle ne vaut que par la prodigalité : on la perd en l'économisant, tandis qu'elle augmente en proportion de la dépense qu'on en sait faire. Quelques années bien remplies sont plus qu'une éternité de paresse. Pascal et Bichat sont morts dans la force et presque dans la fleur de l'âge. Qui voudrait, qui oserait comparer ces deux nobles existences avec celle de tel cancre de centenaire qui a employé un siècle à végéter ?

XIII. *Résumé des observations précédentes.*

Arrêtons-nous ici pour considérer cette mystérieuse combinaison qui fait la vie de l'homme. La sensation éveille la vie en nous, et elle la menace sans cesse ; et de la même source découlent pour nous la vie et la mort. D'autre part, en nous forçant à la lutte, elle développe nos forces, de sorte que le principe de notre faiblesse est en même temps celui de notre perfection. L'animal n'a pas à craindre ces inégalités, ces défaillances qui marquent chez nous le cours de la vie ; mais aussi il ne franchit jamais les bornes où il s'est trouvé une fois enfermé ; et, si sa vie est plus égale, il ne lui est pas donné, comme à l'homme, d'y ajouter par son propre effort, et de se créer en quelque sorte après Dieu.

Pour résumer cette discussion : c'est en luttant par la volonté contre la sensation que l'homme se connaît et s'appartient, et c'est là sa vie et sa perfection. Or, son devoir étant nécessairement d'aller à la perfection ; comme il ne peut y en avoir qu'une, l'on voit que tout le devoir de l'homme se résume à soutenir cette lutte par laquelle naît et s'entretient en lui la conscience et la vie. Ainsi, nous pouvons déjà nous attendre à reconnaître que, quand l'homme fait le bien, c'est qu'il se connaît, il veut, il vit enfin de la vie qui lui est propre ; qu'au contraire, quand il fait le mal, c'est que sa volonté, succombant à la lutte, laisse défaillir la personne. En un mot, la vie c'est le devoir : on ne vit que dans le devoir.

XIV. *Opinion généralement admise sur la liberté humaine.*

Telle n'est point l'opinion généralement admise par les philosophes. Suivant eux, au contraire, l'homme veut le mal comme le bien, et en cela

consiste sa liberté En d'autres termes, il vit
tantôt bien, tantôt mal; mais il vit dans l'un et
l'autre cas. Ceci revient rigoureusement à dire que
la volonté de l'homme, indifférente par sa nature,
est emportée tantôt par la raison, tantôt par la
passion, absolument comme une balance penche
du côté le plus chargé.

XV. *L'homme ne peut vouloir que le bien.*

Or, si l'homme ne veut rien naturellement, si
sa volonté n'a pas de direction propre, on doit
conclure que cette volonté, c'est-à-dire l'homme
lui-même, n'existe pas.

Toute substance est une force ; toute force a
une loi, un mouvement naturel. Une force sans
loi ne serait pas une force, ne serait rien. Dieu
aurait fait quelque chose qui ne serait rien ; il
aurait créé le néant. La langue de l'homme se
refuse à exprimer cette monstruosité, aussi bien
que notre esprit se refuse à la comprendre. Il
faudrait simplement dire que l'homme n'existe
pas, et que ce que nous désignons en nous sous
le nom de volonté n'est qu'une métaphore inventée

pour désigner abstraitement la lutte engagée dans notre cerveau et nos organes entre des principes occultes qui ne sont pas *nous*.

Si donc nous existons; si ce que nous appelons *nous* est quelque chose; le premier et le plus essentiel attribut de notre être c'est d'être porté, par un mouvement naturel, vers le but qui nous est marqué dans la création, et qui n'est autre que la perfection ou le devoir. Et par conséquent, lorsque nous nous trouvons hors de cette voie, c'est qu'une force étrangère nous domine, nous emporte et change notre mouvement naturel.

Mais, quelque rigoureux que puisse être ce raisonnement, il ne peut guère convaincre que le métaphysicien; il nous faut tâcher de le rendre sensible par la simple observation.

XVI. *Termes employés.*

Il n'est pas nécessaire, sans doute, de rappeler que, dans l'opinion commune, le bien et le mal moral dérivent l'un de la raison, l'autre de la passion; et que le mot de *passion* n'exprime pour tout le monde que l'idée d'une sensation devenue habituelle.

Faire le mal, c'est donc faire ce que nous con-seille la sensation. Dès-lors, il semble que l'instinct des hommes a, sur ce point, devancé nos raison-nements. Les langues, philosophie naturelle de l'humanité, nous laissent deviner qu'on ne peut *vouloir* le mal. Le mot *passion* indique que nous subissons certaines fois une influence étrangère, et que nous n'agissons pas. On dit d'ailleurs à tout propos que *l'homme est emporté par la passion; qu'il n'est pas maître de sa colère; qu'il ne se connaît plus quand l'amour le tient....*, etc.

Au contraire, d'autres fois *il conserve son empire sur lui-même*, ou *il le reprend*. Enfin, le mot *conscience* veut dire à la fois connaissance de soi-même, sentiment que l'on a de son existence, et sentiment du devoir.

L'emploi de tous ces termes n'indique-t-il pas que, dans l'opinion universelle, la pratique du devoir n'est autre chose que cette lutte de la volonté contre la sensation, dans laquelle nous avons dit que consiste la vie de l'homme? N'est-ce pas dire que, quand l'homme fait le mal, il ne se connaît ni ne veut plus, et, par conséquent, ne vit plus?

XVII. *Faits. De la colère. Que dans la colère on ne fait pas ce qu'on veut.*

Mais l'opinion commune est quelquefois l'erreur commune : en tous cas, ne discutons pas avec des étymologies et des analyses de mots ; ajoutons, s'il se peut, à cette présomption l'évidence des faits.

Considérons la passion la plus ordinaire, et, à tout prendre, la plus excusable, parce qu'elle s'allie très-souvent au sentiment de la justice : je veux dire la colère. Un homme vous outrage, vous le frappez à mort sur-le-champ, ou bien, si vous ne pouvez au moment même, vous attendez une occasion favorable, et vous vengez dans son sang l'injure qu'il vous a faite. Ces deux actes, quoique très-différents à l'appréciation des tribunaux, sont exactement les mêmes pour notre sujet : une sensation arrachant l'homme à lui-même et le forçant à dévier de la raison. La douleur cruelle que nous cause un outrage et qui détermine un emportement subit, est la même qui, entretenue par le souvenir, nous pousse à la vengeance.

Certes, Dieu nous garde d'une philosophie qui nous conseillerait de supporter l'insulte! A moins d'une absolue nécessité morale ou matérielle, qui fait de la patience un acte de courage ou même d'héroïsme, le premier soin de l'homme doit être de garder sa dignité : c'est à cela que va le devoir lui-même.

Mais puisque la raison nous permet et nous ordonne de nous défendre, c'est elle qui doit nous défendre. Si ce même homme qui nous insulte menaçait notre vie, nous le frapperions, même de sang-froid, comme la justice frappe l'assassin : le soin de notre défense l'exigerait. Mais si nous étions nous-mêmes, et livrés à notre mouvement naturel, nous n'avouerions jamais qu'un meurtre doive nous défendre d'une simple offense. Qu'un autre fasse à nos yeux la même chose, nous con-damnerons son action. Nous trouverons d'abord que c'est un fait horrible de tuer un homme, de l'enlever à sa famille, pour cette seule raison qu'il n'a pas respecté notre dignité; nous estimerons que la défense passe l'attaque de beaucoup; nous dirons qu'il est des moyens aussi sûrs et moins violents que fournissent l'honneur et les lois; enfin, nous observerons qu'en un autre sens, celui qui se venge, s'il se met à l'abri d'un danger, s'en crée un bien plus grand en s'exposant à rendre compte à la justice. Ainsi, nous condamnons ce qu'un autre fait; nous déclarons que nous ferions autrement, c'est-à-dire que nous *voulons* autre chose que ce qu'il fait; et cependant si nous-mêmes sommes à sa place, peut-être nous l'imiterons. Evidemment alors nous ne faisons pas ce que nous voulons; nous faisons ce que nous fait faire une sensation plus forte que nous, qui trouble notre conscience et enchaîne notre volonté. Je dis qu'il faut que ce soit la sensation, car il n'y a en nous que la volonté, la raison et la sensation; et puisque ce n'est ni la raison qui conduit, ni la volonté qui agit, il faut bien que ce soit la sensation qui nous mène et dirige nos mouvements, malgré la volonté, à l'insu de la raison.

On voit donc que, dans la passion, c'est-à-dire hors du devoir, ce n'est pas nous qui agissons, c'est la passion qui nous mène; et qu'ainsi chaque infraction au devoir est une défaillance de l'âme, une interruption de la vie humaine. Dans ces moments, l'homme ne s'appartient plus, et même le spectacle qu'il offre aux yeux est une image de ce qui se passe au-dedans de lui.

XVIII. *De l'état extérieur de l'homme en colère.*

En effet, pourrait-on expliquer autrement ce désordre que la passion répand sur toute notre personne, et ces démarches bizarres ou funestes qu'elle nous inspire, et ces transports tantôt ridicules, tantôt lamentables ou effrayants dans lesquels elle nous jette, et au milieu desquels se perd toute trace de raison, toute apparence d'homme?

Chacun de nous sait combien est pénible le voisinage d'un homme en colère. On a honte pour lui de son emportement, on se détourne malgré soi, et d'autant plus qu'il nous inspire plus de sympathie. On a honte de soi-même lorsqu'on se rappelle de sang-froid les propos et les démarches que la colère nous a suggérés. En effet, nous avons cessé d'être hommes pendant quelques instants. Ce visage altéré, ces traits contractés, ces yeux égarés, ces mains qui se crispent, tous ces mouvements que la volonté ne dirige plus, cette voix qui s'élève ou s'éteint malgré nous en articulant avec peine des paroles mal suivies : évidemment, c'est là l'image d'un animal furieux. Celui que je vois en cet état n'a que le titre d'homme ; *l'humanité* ne lui appartient plus : il est homme *in partibus*.

XIX. *Honte.*

Tel est, si l'on veut y réfléchir, le principe de la honte que nous ressentons pour les autres ou pour nous, de la colère, et en général de toutes les passions, quand nous ne les éprouvons pas ou que nous ne les éprouvons plus.

L'homme possédé par la passion est *absent de chez lui ;* un autre y gouverne à sa place. Il est *aliéné ;* et la passion tient nécessairement de la folie. Quel est, en effet, le caractère habituel de la folie ? Il se trouve sans doute quelques cerveaux complètement brouillés où la lumière de la raison ne pénètre jamais ; mais très-souvent la folie est une simple *monomanie,* c'est-à-dire un désordre d'esprit qui ne se remarque que dans certaines choses, parce qu'une sensation particulière affecte le cerveau et y domine toutes les autres. Don Quichotte n'extravague que de chevalerie : pour tout le reste, il est très-raisonnable et même trèssensé. Parlez-lui d'une autre genre de folie : il en rira tout le premier, et saura très-bien en rire. Parlez à un amoureux d'un autre amoureux, vous êtes sûr de le divertir : parlez-lui de son propre amour et flattez sa passion, vous êtes sûr de le tromper. On peut donc appliquer aux passions en général ce qu'Horace dit de la colère en particulier : elles sont une folie passagère ; et, bien qu'on ne soit fou que d'une chose, ce trouble partiel rompt l'équilibre de l'ensemble et bouleverse les meilleures natures. La seule différence entre celui que nous appelons fou et le commun des hommes, est que ceux-ci ne cessent de se posséder que par intervalle, tandis que les autres sont toujours aliénés. Je dis toujours ou presque toujours : il n'est peut-être pas de folie continuelle ni complète, de même qu'il n'est pas de parfaite sagesse. L'homme n'est ni tout fou ni tout sage : on le désigne par ce qui domine en lui.

Cette observation saute aux yeux, comme on dit, pour ce qui est de la colère. Elle est moins apparente dans les autres passions : mais la moindre attention nous permet de la vérifier tout aussi bien. Prenons pour exemple l'avarice.

XX. *L'avare.*

L'avare est d'ordinaire un homme d'ordre, de mœurs paisibles ; un homme de sens et quelquefois un homme d'esprit ; il est même complaisant, même obligeant parfois ! pourvu qu'il ne lui en coûte rien ; enfin, vous le trouverez un galant homme pour ce qui ne touche pas à ses intérêts. Mais, une fois là, vous ne le reconnaîtrez plus : il devient aussitôt effronté, brutal, menteur, fourbe, et quelquefois pire ; il délire de bassesse et de méchanceté. Et puis cet homme intelligent et de bon conseil tombe au-dessous de l'idiot : il ne peut seulement plus comprendre que l'argent n'est rien si l'on n'en use, et vous le voyez se traiter comme ne ferait pas son plus cruel ennemi. Encore une fois, d'où peut venir un si étrange changement ? Comment un homme peut-il paraître presque en même temps si différent de lui-même, tantôt sage et tantôt fou ? C'est que tantôt il se connaît et se possède, tantôt la sensation l'étourdit et l'entraîne.

XXI. *Le scélérat.*

Enfin, il est une expérience qui se fait tous les

jours aux dépens de la société. C'est une douleur de considérer les hommes qui viennent parfois confesser devant les cours d'assises ou expier sur l'échafaud leurs lamentables exploits. On trouve chez eux la plupart des qualités qui font les grands hommes : ils sont intelligents, résolus, actifs, patients, audacieux, intrépides ; leur lugubre industrie ne s'exerce et ne s'entretient que par des prodiges d'adresse, de sang-froid, de stoïcisme à braver ou prévenir les dangers, à supporter les privations. Avec la moitié de ce qui compose leur scélératesse, avec les ressources qu'ils savent trouver en un jour pour dépister la police, on sauverait une armée entière d'un mauvais pas. Eh bien ! ce héros du crime n'est encore qu'un fou. Une raison puissante se mêle parfois à sa folie, mais ne la dirige pas. Cette tête qu'il sait si bien défendre, il va la risquer pour un écu.

Quelle est donc cette influence funeste qui paralyse les ressorts d'une forte nature, ou les transforme en instruments de malheur ? Cette influence n'est autre que la sensation. Si chaque fois que nous tendons la main pour secourir un malheureux, nous y sentions l'impression du fer et du feu ; je ne fais pas tort à l'humanité en affirmant que le nombre des personnes charitables serait bien réduit. L'avare, l'infame avare n'éprouve-t-il pas quelque sensation de ce genre, puisque son cœur reste muré à la pitié? La douleur de perdre ce qu'il a, la crainte de s'appauvrir lui fait oublier le premier devoir de l'humanité, et l'empêche de ressentir cette sensation cruelle que ferait naître chez un autre la vue du malheur et qui viendrait en aide à l'idée du devoir[1]. Que se passe-t-il dans l'âme du scélérat? Dieu merci, je n'en sais rien. Mais, évidemment, il faut que la jouissance anticipée des plus délicieuses espérances, ou au contraire le supplice des privations les plus cruelles, entretiennent en lui cette rage ou plutôt cette folie qui lui fait braver le bagne et l'échafaud.

[1] Quoique la sensation soit de sa nature contraire à l'idée, elle peut cependant nous pousser dans le même sens que la raison : même il est vrai de dire qu'à chaque devoir correspond une sensation, une affection particulière dont le mouvement est le mouvement du devoir, dont le nom peut jusqu'à un certain point se substituer dans le langage à celui du devoir. C'est le privilége de certaines natures que la pratique du bien ne leur coûte rien, parce que l'instinct de la passion s'accorde parfaitement dans leur âme avec la raison et la discipline.

Si nous étudiions les autres passions, toutes certainement nous offriraient le même spectacle, et présenteraient à l'observation ce contraste entre l'homme et lui-même, selon qu'il est passionné ou de sang-froid, qu'il reste homme ou qu'il retombe à la vie de l'animal, que sa volonté commande ou qu'elle est enchaînée par la sensation. Nous le verrions invariablement condamner chez les autres les passions qu'il ne partage pas, puis y succomber dans l'occasion, et prouver par là qu'il veut, quand il se connaît, le contraire de ce qu'il fait dans la passion ; que, par conséquent, ce qu'il fait dans la passion, il le fait sans le vouloir ni se connaître.

XXII. *En quoi consiste la liberté.*

Maintenant, je suis loin de prétendre que la raison ne puisse prévaloir sur les inclinations les plus perverses, que la volonté ne puisse toujours lutter contre les sensations funestes qui assiègent l'homme vicieux ou méchant : elle le peut, et le remords nous punit de ne l'avoir pas fait. Notre liberté consiste en cela, que nous pouvons, non pas choisir entre le bien et le mal ; car je soutiens que notre choix est tout fait, et que la volonté ne peut choisir le mal ; mais lutter contre la sensation ou la laisser dominer en nous. Et puisque nous avons vu que la vie humaine se développe en proportion de l'effort de la volonté contre la sensation ; on voit que la vie c'est le devoir, et que l'héroïsme du devoir est en même temps le sublime de l'existence.

XXIII. *Conclusion. Le devoir c'est la vie de l'homme.*

Mais, pour que l'on puisse dire rigoureusement que la vie de l'homme c'est le devoir, il ne suffit pas que le devoir soit la vie ; il faut encore que la vie soit toujours le devoir ; qu'il n'y ait par conséquent pas de sensation indifférente. Or, cette conclusion se présente d'elle-même. Si se connaître est la vie et la perfection de l'homme, c'est aussi son premier devoir : et, puisque toute sensation affaiblit la conscience et la vie, tout effort de la volonté contre la sensation est à la fois la vie et le devoir.

CHAPITRE IV.

DU BONHEUR. QU'IL NE PEUT ÊTRE QUE DANS LE DEVOIR.

I. *Que le bonheur n'est pas dans le plaisir. Définition du plaisir. Repos. Plaisir de la douleur.*

Nous voilà arrivés à cette conclusion , que le devoir est la vie de l'homme aussi bien que sa perfection. Dès-lors , ne semble-t-il pas qu'il doive être en même temps son bonheur ? Les apparences et l'impression des sens s'opposent à cette croyance,

et nous montrent le bonheur dans les jouissances
des passions ; mais la raison et l'expérience détruisent facilement cette illusion.

La vie de l'homme étant, comme nous l'avons
dit, une lutte ; pour vivre toujours, il devrait lutter
toujours. Sa faiblesse lui interdit un pareil effort :
la nature elle-même nous assujétit bon gré mal gré
au repos, et elle nous en marque les intervalles.

A part ces moments de relâche, nous savons
nous en créer d'autres dans ce que nous appelons
plus particulièrement le plaisir, et qui est la même
chose sous un autre nom. Seulement le plaisir est
un repos plus complet ; et la preuve, c'est que les
plaisirs les plus divers, pour peu qu'ils soient
intenses, aboutissent inévitablement à la rêverie,
au sommeil, quelquefois à l'évanouissement. Ainsi,
ces transports qu'ils excitent et qui semblent l'exaltation de la vie, ne sont que le prélude de notre
défaillance.

Ce qui le montre encore mieux, c'est qu'on le
rencontre là où l'on croirait qu'il est naturellement
impossible, dans ce qui en paraît être l'opposé :
la douleur. Ces coups terribles qui nous frappent
parfois ont pour effet ordinaire d'énerver notre

volonté. Il est peu d'hommes assez forts pour y résister. Chez ceux-là, la douleur est plus cruelle, parce qu'elle se connaît et lutte encore. Il en est de même jusqu'à un certain point de ceux que les nécessités de la vie tiennent en éveil malgré eux. Mais chez celui qui est assez faible et qui a assez de loisir pour *s'y abandonner ;* aux premières secousses succède habituellement une sorte de calme qui s'appelle la mélancolie, et qui tient par plus d'un point à la volupté. L'homme qui s'abandonne à la mélancolie renonce à l'effort, à la lutte : il se repose et s'oublie. Le plaisir se mêle donc en lui à la douleur. Telle est la pensée vraie et profonde que nous admirons dans Homère.

II. *Pudeur.*

Ainsi, le plaisir se trouve même dans la douleur, parce qu'il est le repos et l'oubli de nous-mêmes. Ajoutons maintenant que ce que nous avons dit de la honte qui suit la passion, s'applique particulièrement au plaisir, et prend le nom particulier de pudeur. La pudeur est la compagne inséparable du plaisir. Je n'ai pas à répéter ici pourquoi elle en est l'effet. J'ajoute seulement qu'elle en décèle l'appétit. Celui qui y mêlerait la hardiesse et le cynisme, n'appartiendrait qu'à moitié au plaisir, puisqu'il aurait l'esprit assez libre pour songer à autre chose. Un vieillard, une femme vertueuse par froideur de tempérament, n'ont de pudeur que la simple décence; de même que la passion ne saurait être chez eux que libertinage. C'est qu'ils ne connaissent pas ou ne connaissent plus le plaisir.

Mais si la pudeur est l'effet naturel et l'indice de la volupté; on peut dire aussi qu'elle est ce qui l'inspire le mieux. Le charme suprême du plaisir étant le sommeil de l'âme, il a horreur de l'éclat et du bruit. Ainsi, l'impudence n'inspire pas la volupté, parce qu'elle annonce qu'elle ne sait pas la sentir. Par la raison contraire, la pudeur a pour nous un attrait si invincible, que, si les femmes savaient combien elle les embellit, toutes mettraient leur coquetterie à singer la vertu.

III. *Paresse. La paresse est malheureuse.*

De quelque façon qu'on le considère, dans son principe ou dans ses effets, le plaisir, qui n'est qu'une des espèces de la sensation, revient au triomphe de la sensation sur la volonté, à l'interruption de la lutte, au repos, enfin. Voilà pourquoi il est raisonnable et nécessaire même dans une certaine mesure. Un effort continuel nous est impossible, et, pour pouvoir soutenir la lutte de la vie, il faut bien se refaire quelquefois ; mais alors le plaisir n'est qu'un moyen, et non pas le but de l'existence. Malheur à celui qui l'entendrait autrement ! Il serait inévitablement condamné à une impuissance, ou plutôt à une souffrance sans fin.

Prenons d'abord la paresse, qui en est le premier degré. Il faut que l'homme lutte constamment pour s'appartenir, pour vaincre ces impressions du dehors qui oppriment la raison ; mais la fatigue que lui coûte cette lutte de la vie n'est rien au prix de ce qu'il lui en coûterait pour ne pas la soutenir. Je ne parle pas de ces nécessités matérielles qui nous tiennent et nous pressent de tous les côtés, comme pour nous avertir de la loi du travail. Je suppose un homme que la fortune a mis au-dessus de tous les besoins, et, s'il se peut, de tous les évènements : eh bien ! celui-là sera le plus malheureux de tous s'il n'échappe pas à son loisir. Personne n'est assez parfait pour ne s'être pas trouvé en mesure d'en juger par lui-même, au moins une fois en sa vie : rien n'est si pesant que de ne rien faire. Le repos, qui est si doux venant après le travail, a besoin d'être rempli ; de sorte que se reposer c'est changer d'occupation plutôt que n'en avoir aucune. Si nous faisons autrement, nous en sommes sûrement punis. La Providence, pour nous rappeler nos devoirs, a placé la peine à côté de la faute, et voulu que tout désordre devînt une douleur. Quand *nous nous abandonnons* à la paresse, la conscience nous reproche cette faiblesse, cette lâcheté qui laisse à chaque instant défaillir en nous *la personne*, et ce sentiment de notre imperfection est une souffrance continuelle.

D'un autre côté, ces forces qui ne s'emploient pas se révoltent au fond de notre âme. Alors, pour échapper à leurs assauts importuns, nous cherchons à les détourner ailleurs ; nous tâchons de nous étourdir. « Cet éloignement que les hommes » ont du repos et de demeurer avec eux-mêmes, » vient d'une cause bien effective, c'est-à-dire du » malheur naturel de notre condition faible et

» mortelle, et si misérable que rien ne peut nous
» consoler lorsque rien ne nous empêche d'y pen-
» ser, et que nous ne voyons que nous. »

Qu'il me soit permis de le dire, ce ton d'éternelle tristesse est fatigant, décourageant et mauvais. L'homme est ce qu'il se fait. Dieu ne l'a pas
fait méchant, il l'a fait libre, et il est satisfait ou
triste de ce qu'il voit en lui, selon ce qu'il y met
lui-même. Mais il est certain que le paresseux n'y
trouve rien que d'attristant : l'image de sa faiblesse, le témoignage douloureux de sa lâcheté ;
et il est naturel qu'il cherche à se fuir. Lucrèce,
Pascal, Boileau, tous les poètes, tous les philosophes ont peint des plus vives couleurs le malheur de celui qui n'est pas occupé, le cruel souci
qu'il se donne pour *s'amuser*, ses distractions laborieuses, ses divertissements extravagants ima-
ginés avec tant d'efforts, et par-dessus tout sa
lamentable impuissance à étouffer dans le bruit
du dehors le cri de la conscience.

Ainsi, il faut agir, il faut *s'occuper*, il faut *se
posséder*. Ne pas le faire, ne pas lutter, c'est ne
pas vivre en homme, et la nature nous en punit
en nous infligeant l'ignoble tourment de l'ennui.

Cette activité qu'elle nous a donnée pour notre perfection, y reste pour notre malheur malgré nous; et, si nous ne l'employons, elle se change en fléau, comme tout ce qui est détourné des voies de la Providence.

IV. *Le plaisir est impuissant et malheureux.*

On court alors au plaisir, qui nous paraît être d'une autre nature; et, pour guérir le mal, on en double la dose. Le plaisir, comme nous l'avons dit, est en effet un degré de plus dans la paresse : il nous procure la même sensation, mais plus complète, de repos. C'est là son essence, sa douceur, son effet propre; mais aussi c'est là ce qui fait notre impuissance à y trouver le contentement et le bonheur. Pour qu'il nous les donnât, pour qu'il fût complet, il faudrait qu'il fût infini par la durée et l'intensité, que dans son ivresse finît tout effort, se perdît tout sentiment : en un mot, pour l'homme qui veut vivre du plaisir, le plaisir suprême serait de mourir. Je parle sérieusement : il est bon nombre d'originaux surtout, dit-on en Angleterre, qui chaque jour suivent ce raisonnement jusqu'au bout, et se donnent une fois pour toutes la somme des voluptés. Le commun des hommes raisonnent moins rigoureusement, et consentent à s'ennuyer par l'amusement, à souffrir par le plaisir ; ils subissent la loi impitoyable de leur destinée, ou plutôt de leur folie qui poursuit un objet impossible. En effet, vouloir vivre par le plaisir, c'est vouloir s'oublier et se connaître, vouloir connaître qu'on ne se connaît pas : tout y est contradiction, impossibilité, peine et souffrance, pour qui en fait son occupation. Chaque sensation qui s'achève nous rend à nous-mêmes. Alors nous souffrons par le regret du passé qui nous échappe, par l'impuissance de remplir le moment présent et l'attente impatiente de l'avenir.

Ainsi, le plaisir est nécessairement triste, parce qu'il est impuissant. Écoutons là-dessus le philosophe de la matière et de la sensation, et voyons sa haute raison contredire son désolant système :

.... *Medio de fonte leporum*
Surgit amari aliquid quod in ipsis floribus angit.

« De l'ivresse même des voluptés naît je ne sais

» quelle saveur amère qui empoisonne toutes nos
» sensations. »

Autrement, tous ces poètes qui ont célébré le plaisir, qui ont chanté le vin et l'amour, seraient les vrais sages, les législateurs de l'humanité. Eux-mêmes eussent fait du plaisir l'affaire importante de leur vie; tandis qu'il ne fut généralement pour eux qu'une distraction passagère comme pour nous. Modérés par tempérament, ils connurent le plaisir encore plus par l'imagination que par l'expérience : voilà pourquoi ils l'ont si bien chanté et ont pu le rendre attrayant. S'ils s'en fussent occupés davantage, ils y auraient trouvé moins de charme et d'inspiration.

V. *Passions. Avarice : en quoi heureuse, en quoi malheureuse.*

Tout ce que l'on peut dire du plaisir s'applique naturellement aux passions, qui en sont un appétit calculé. Au premier abord, on ne croirait guère en vérité qu'elles visent au plaisir; ou du moins on ne croirait guère que ce calcul ne soit pas celui de la folie. A voir la peine qu'elles se donnent, les tourments qu'elles s'infligent pour arriver à leur but, ne semble-t-il pas qu'il fût beaucoup plus simple de jouir tout de suite du repos, et de le préférer à des voluptés qui, quelque exquises qu'elles puissent être, sont hors de proportion avec les sacrifices qu'elles coûtent. Rien n'est plus vrai pourtant : mais ce qui peut paraître plus étrange et qui n'est pas moins vrai, c'est que les efforts qu'elles exigent de nous composent la partie la plus solide des jouissances qu'elles nous donnent; tandis que le plaisir qui en est l'objet est précisément ce qui les rend malheureuses.

Revenons à l'exemple de l'avare qui s'impose des privations incroyables pour ajouter à sa fortune, et semble être malheureux par là même, tandis qu'il est heureux parce qu'il s'enrichit. Ce que l'avare fait par avarice, d'honnêtes gens le font par dévouement à leur famille. Un avare millionnaire se prive si l'on considère ses millions; en fait, il ne supporte pas des privations plus grandes que celles que s'impose un artisan pour subvenir aux besoins de sa maison. Mais quand celui-ci, au prix de sacrifices qui n'excèdent pas ses forces, est parvenu à ses fins, c'est une douce et noble jouissance pour lui de penser que d'autres lui doivent le bien-être et la sécurité. Eh bien ! que l'on me pardonne ce rapprochement qui est presque un sacrilége : le plaisir de l'avare est de même nature quand il renonce à user de son trésor afin de l'augmenter. Mais l'artisan, une fois son but atteint, goûte un plaisir sans mélange, parce que son esprit se repose sur cette pensée qu'il a fait ce qu'il devait et ce qu'il voulait. L'avare, au contraire, n'est jamais satisfait, parce que sa passion recule éternellement le terme de ses efforts. Ainsi, ces privations, pour lesquelles nous serions presque tentés de le plaindre, sont ce qu'il y a de moins malheureux pour lui, parce qu'elles sont ce qu'il y a de plus raisonnable. Au contraire, ce trésor qui grossit sous ses yeux et que nous croyons être une douce récompense de son criminel labeur, est précisément ce qui le rend malheureux, parce qu'il est pour lui l'objet d'une passion insatiable, impuissante; et partant, malheureuse. Sa passion est moitié raison, moitié folie; mais, contre l'apparence, elle est malheureuse par le plaisir qu'elle convoite, et heureuse par la raison qui la dirige en partie.

VI. *Imperfection du bonheur humain. Stoïciens.*

Le bonheur ne peut être que dans la raison ; c'est là qu'il faut le chercher. Je conviens que ce bonheur abstrait nous touche peu : les sensations mettent entre lui et nous un obstacle trop grand. Nous avons besoin d'effort pour le comprendre, tandis qu'au contraire notre instinct naturel nous fait trouver tout de suite un bonheur en partie réel dans la paresse et le plaisir. Il n'est pourtant personne, si peu héroïque qu'on le suppose, qui n'ait éprouvé au moins une fois combien est délicieuse la conscience du devoir accompli. Ce que La Bruyère dit qu'on ressent quand on a évité une sottise, on le ressent toutes les fois que, par un effort viril, on a résisté à l'entraînement des sens. Cet effort généreux, qui met en jeu tous les ressorts de la vie, est accompagné d'une volupté ineffable : *cela vous rafraîchit le sang.*

Il ne faut pas attendre assurément que ce sentiment intérieur nous mette à l'abri des douleurs du corps, nous fasse oublier la colique et la goutte. Un pédant a beau s'écrier : *Douleur, tu n'es pas un mal!* Chacun sait bien que, si la douleur n'est pas un vice, elle est un mal pour le corps, et même pour l'âme dont elle trouble les fonctions. On conçoit qu'au milieu de l'effroyable corruption du monde romain, quelques hommes restés purs répondissent à des vices monstrueux par l'exagération de la vertu : toutefois, le stoïcisme est plutôt une folie sublime qu'une philosophie, et tient de l'imagination plutôt que de la raison. Des antithèses et des jeux de mots sont un remède bien insuffisant contre le débordement de tous les crimes, et l'on ne gagne rien en tous cas à exagérer ses forces, et à promettre à l'homme plus qu'on ne peut lui tenir.

La raison donne seule le bonheur qu'il nous est permis de goûter; mais ce bonheur est imparfait. La perfection du bonheur serait la perfection de notre nature, c'est-à-dire un état de l'âme tel que, dégagée complètement de toute sensation, elle demeurât occupée sans obstacle à la continuelle contemplation de l'éternelle vérité. C'est là la condition de Dieu et non de l'homme. Aussi le bonheur de Dieu est parfait, car le bonheur consiste dans le sentiment que l'on a de sa perfection; le nôtre est imparfait, parce que notre condition est imparfaite. Cette simple définition peut, je crois, servir à trancher la question si souvent agitée du bonheur. L'on voit tout de suite l'erreur des philosophes qui le placent dans le plaisir, et celle des autres qui distinguent entre le bonheur et le souverain bien.

Parce que la vertu n'est jamais complètement heureuse, qu'elle ne nous exempte ni des fatigues ni des douleurs du corps, ces derniers ont conclu que le bonheur et la perfection morale étaient choses distinctes. De là, ces phrases qui n'ont même pas de sens : *Il faut faire le devoir sans songer au bonheur*, etc. Ceux qui parlent ainsi veulent dire évidemment : *Il faut faire son devoir sans songer au plaisir*. Par conséquent, ils confondent le bonheur, qui naît de la raison, avec le plaisir, qui naît de la sensation ; sans cela, ils auraient conclu que la vertu parfaite est nécessairement le bonheur parfait, et que ce qui manque à notre félicité est précisément ce qui manque par la nature des choses à notre vertu.

VII. *Malheur du méchant.*

Encore nous pourrions admettre ce point ; mais ce que notre raison, ou plutôt notre passion, ne peut comprendre, c'est que le méchant soit malheureux. Nous allons bien jusqu'à accorder qu'il n'est pas heureux ; mais cela ne nous suffit pas. Grand Dieu ! nous transportons toujours dans les sphères tranquilles de la morale nos agitations et nos colères ; nous voulons que le coupable soit puni, c'est-à-dire que nous soyons vengés quand il nous offense ; nous nous irritons du spectacle de sa prospérité apparente, et tous les raisonnements ne peuvent nous convaincre que l'équilibre se rétablit naturellement en vertu de lois immuables. Cependant il en est ainsi : le désordre amène toujours la douleur. Dans les choses physiques, cette vérité tombe sous le sens ; elle est moins évidente dans le monde moral. Il est vrai que la douleur qui suit nécessairement tout acte coupable n'est pas assez forte pour assouvir notre vengeance ; mais dans ce cas il n'y aurait plus de liberté, de même que si un bonheur parfait et inaltérable accompagnait la vertu. Néanmoins, telle qu'elle est, il y a encore de quoi nous suffire. Si vous vous indignez, comme d'une injustice, du bonheur apparent du méchant; calmez-vous, détrompez-vous, car ce bonheur n'est pas réel : il est même impossible pour lui. Je n'ai jamais vu, Dieu merci, dans la conscience d'un méchant; mais je suis sûr qu'elle est pleine de trouble et de chagrin. Laissez-le étaler ses titres, ses places, son opulence; laissez-le sourire de dédain en vous voyant, pour vous rappeler la différence entre son sort et le vôtre. Ce bonheur, cette joie sont tout extérieurs : au fond du cœur, il est jaloux de celui qui a plus d'avantages que lui et qui l'écrase à son tour ; de celui qui en a autant et peut rivaliser avec lui ; de vous enfin qui en avez moins et ne vous en affligez pas. La peine extrême qu'il prend pour s'étaler et vous faire envie vous prouve assez que son bonheur ne lui suffit pas; qu'un venin affreux fermente sourdement dans cette âme enragée. Evidemment, cette agitation n'est pas plus le bonheur que la fièvre n'est la force ou la santé. La haine est un tourment cruel pour l'honnête homme, quoiqu'il puisse, après tout, se consoler par l'estime de lui-même de ne pas estimer les autres. Mais que doit être ce tourment pour celui qui n'estime rien, et dans le cœur duquel naissent d'euxmêmes tous les sentiments de cette nature? N'est-il pas clair que la haine, l'envie, comme autant de plaies empoisonnées, le dévorent secrètement; qu'il souffre sans cesse tous les tourments; qu'il est malheureux malgré cette apparence de prospérité; que nous sommes vengés d'avance et par lui-même de tout le mal qu'il nous fait et veut nous faire; et qu'enfin, si nous n'avions pas à nous défendre, il faudrait plutôt le plaindre que le haïr?

VIII. *Conclusion.*

La souffrance accompagne donc inévitablement le désordre, de même que le contentement suit la vertu, et l'équilibre se rétablit sans cesse et de luimême dans le monde moral. Telle est la loi de la justice divine. La justice humaine n'a point cette perfection. Elle n'est avertie que par les effets du bien comme du mal, et ne peut le récompenser ni punir qu'après coup; elle est lente et boiteuse; de plus, elle est incertaine, et distribue souvent au hasard la récompense ou la peine, ignore le mérite, punit l'innocent et laisse échapper le coupable. La justice divine atteint le mal et le bien dans leur source même et dans leur foyer, la conscience de l'homme ; et c'est là qu'elle nous fait trouver la peine ou la récompense, sans que rien puisse jamais fausser ses sentences ou retarder l'exécution de ses décrets. Ainsi, quelles que soient les épreuves de l'homme de bien, s'il ne jouit pas du bonheur parfait que lui promettent les déclamateurs, il est assuré au moins que rien ne peut lui enlever la plus pure et la plus essentielle partie du bonheur, le contentement de la conscience, car il ne dépend que de lui.

CHAPITRE V.

DE LA DISCIPLINE DANS LA VIE PRIVÉE,
OU DE LA POLITESSE,

1. *En quoi consiste l'honnêteté de la plupart des hommes.*

Ainsi, le devoir est la vie de l'homme, et il est le bonheur de la vie. L'obéissance aux lois de la société, qui nous impose tant de sacrifices, est donc aussi le principe de notre dignité, en même temps qu'elle nous procure les jouissances les plus solides

et les plus pures. Mais, quoi que l'on puisse faire,
on persuadera difficilement à la plupart des hommes
de rechercher un bonheur qui échappe à la vue et
au toucher. L'élite du genre humain en est seule
capable ; et le nom de héros donné à ceux dont la
vertu va jusque-là, est un aveu de la faiblesse
commune. La raison ne suffit pas pour les autres ;
il faut y ajouter la discipline.

II. *Définition de la discipline.*

Je définirai la discipline, la science de combattre les sensations par les sensations, et d'arriver
par là à cet équilibre dans lequel consiste le bien.
La vertu, ou, pour parler plus juste, l'honnêteté
des trois quarts du genre humain, roule là-dessus.
La vanité et l'intérêt font plus d'honnêtes gens que
l'amour idéal du bien. La peur des tribunaux
combat la cupidité et la vengeance ; la crainte de
mourir arrête l'intempérance ; l'ambition, l'amour
de la gloire fait supporter les fatigues de la guerre,
les dégoûts de l'étude ; la vanité excite l'apathie et
nous tient lieu de douceur, quelquefois de charité.

III. *Politesse. Définition. Principe.*

La *politesse* est un exemple frappant de cette discipline que les hommes pratiquent dans le commerce de la vie. Ces mêmes devoirs qui nous pèsent quand la société nous les prescrit, nous nous les imposons nous-mêmes et nous les accomplissons sans murmurer, à chaque instant, en vue de notre intérêt et de notre vanité, pour satisfaire aux lois de la politesse.

Je n'entends pas ici désigner par ce mot cette science ou plutôt cet usage qu'on appelle l'*étiquette*, et qui définit les rapports officiels ou officieux qu'établissent entre les citoyens d'un même pays le rang, la fortune, la parenté, l'amitié, les affaires. Ce n'est pas, non plus, cette routine de simagrées qui nous enseigne comment on doit saluer, se présenter, se découvrir, se tenir, s'asseoir, donner le bras, faire les honneurs d'un bal ou d'un dîner, visiter, recevoir; enfin, cette science toute extérieure des pratiques les plus communes de la vie. Je veux parler de cette tactique bien autrement savante, et, pour tout dire, bien

même les relations privées ne sont possibles qu'autant que nous sacrifions notre amour-propre dans la même mesure. C'est donc un devoir ; mais si l'accomplissement en était laissé à notre caprice, il en serait de celui-là comme de tant d'autres. La nécessité nous impose ici la discipline, et il faut convenir qu'elle est rigoureusement observée.

IV. *Décence et pudeur.*

C'est un souci de tous les instants, j'entends pour celui qui sait vivre, d'observer une rigoureuse réserve, de s'effacer en présence des autres, de ne rien laisser paraître de sa personne.

D'abord, il est un certain ordre d'idées pour lesquelles cette retenue est instinctive, et s'appelle particulièrement décence et pudeur. En cela l'on se ménage soi-même et les autres, et l'on ne pourrait sans brutalité oublier d'éloigner des regards d'autrui ce qui nous humilie nous-mêmes parce qu'il touche à nos misères : je veux parler des appétits et des nécessités de la *bête*. Et toutefois, pour cette raison même, il n'est pas de langue plus riche. C'est que notre esprit est ramené malgré lui à ces idées qu'il fuit sans cesse. Aussi nous avons beau prendre les expressions les plus modestes, les détours les plus ingénieux, il faut changer bientôt. Le langage recule toujours devant notre imagination qui en soulève le voile, et laisse ainsi notre pudeur sans protection. J'obéis moi-même à ce sentiment en évitant d'être plus précis et plus clair.

Ce genre absurde de plaisanteries qu'on appelle *la gaudriole*, n'a de sel et d'attrait qu'en ce qu'il nous montre, ou plutôt qu'il déguise sous un vêtement transparent des objets que nous ne pouvons voir tout nus, et nous affranchit momentanément de la contrainte qui nous est imposée.

V. *De nos relations. Conversation.*

Les affections de l'âme ne sont point aussi honteuses à se produire; néanmoins, nous les cachons pour d'autres raisons presque avec le même soin.

Vraiment, c'est une chose intéressante de considérer avec quelle attention minutieuse on s'observe soi-même et les autres pour se garder. Quelle étude! quelle science! On s'aborde pour s'éviter.

on se parle pour ne rien dire, et l'on vérifie à chaque instant le mot de Talleyrand. Oui, la parole a été donnée à l'homme pour déguiser sa pensée. Les conversations les plus banales sont souvent celles des gens les plus sérieux. On parle de la pluie et du beau temps pour ne pas trahir des secrets essentiels, et l'on ne dit rien parce qu'on craint de trop dire. On retient même un bon mot, et l'on s'habitue à penser qu'il y a plus d'esprit à le garder pour soi qu'à le trouver. L'agrément et le véritable talent de la conversation n'est guère autre que celui-là. Une tête vide d'idées sérieuses, une certaine vivacité d'humeur, c'est d'ordinaire tout ce qu'il faut pour plaire et être recherché. Par là, en effet, on évite d'importuner les autres en leur parlant de soi ou d'eux-mêmes ; on les laisse à leur réserve, et c'est ce que nous voulons par-dessus tout.

VI. *Enfants. Jeunes gens. Hommes d'action. Philosophes.*

Le même principe inspire toutes nos démarches et nous rend les relations des autres agréables ou désagréables. La grâce que nous trouvons aux enfants tient à leur gaucherie même; les jeunes gens nous plaisent par leur insouciance, qui fait excuser leur turbulence et tous leurs défauts. C'est que les premiers ne connaissent pas leur personne, et que les autres l'oublient.

La gloire des hommes d'action, en même temps qu'elle est plus éclatante, nous paraît aussi plus aimable. C'est le désir de l'estime qui les porte à se montrer; et, bien qu'un motif semblable pousse même ceux qui affectent de mépriser les hommes, nous aimons mieux accorder notre admiration à un général d'armée qu'à un philosophe chagrin. Le premier, pour la mériter, s'expose au danger et oublie sa personne; il a l'air de ne songer qu'à nous, et nous sommes flattés de ce qu'il fait pour nous plaire. Le second apprend trop souvent de la réflexion à dédaigner ceux qu'il éclaire, et il nous paraît humiliant d'avoir à admirer qui nous méprise.

VII. *Défiance.*

Ce philosophe nous déplaît parce qu'il nous devine, parce qu'il voit clair chez nous : c'est là ce que nous cherchons à empêcher avant tout. Avec quel soin nous dissimulons nos espérances pour éviter l'humiliation d'être déçus ; nos projets pour ne pas voir s'élever des obstacles ; nos joies qui sont indifférentes aux autres, et ne peuvent qu'exciter leur envie ou au moins les importuner !

On voile sous un visage riant ses peines, et surtout les conséquences de ses sottises. On les dérobe même à ses amis : car, si l'amitié leur interdit l'infame plaisir que certaines créatures goûtent à voir le mal d'autrui ; rarement elle est assez généreuse pour les empêcher de trouver dans nos fautes l'occasion de s'applaudir de ce qu'ils sont plus sages que nous.

A l'égard de nos ennemis, nous croirons avoir à moitié réparé le mal si nous pouvons, en jouant l'indifférence, leur donner le change et leur arracher ainsi le triomphe que se donnerait leur malignité. Je ne parle ici que des choses légères, des peines qui ne vont pas jusqu'au fond de l'âme : cependant, même alors, nous subissons la loi de la contrainte. Voyez cet homme frappé dans ses plus chères affections : la mort a fait le vide autour de lui ; à défaut des objets aimés que ses regards cherchent en vain, il lui serait doux de lire sur un visage ami la consternation et la sympathie. Eh bien! je ne supposerai pas qu'il ait le monstrueux courage de dissimuler tout-à-fait, et de songer à son amour-propre dans ces moments funestes : j'admets qu'il s'épanchera dans le sein d'un petit nombre d'amis; mais il évitera de les occuper de lui trop long-temps. Quant aux autres, il les fuira : non pas qu'il craigne leurs reproches et des insultes qui feraient accuser un homme de scélératesse; mais enfin dans la triste résignation de ses regards je pourrai lire encore qu'il garde pour lui sa douleur, et que, s'il ne craint rien de moi, il n'attend rien de moi.

Par la même raison, nous nous dérobons même aux témoignages de la bienveillance. D'abord, elle nous engage plus que nous ne voulons. Cependant, si nous la croyions tout-à-fait sincère, nous ne refuserions pas de nous y abandonner; mais elle nous est suspecte. Les consolations peuvent être un moyen perfide de renouveler le souvenir de nos défaites; les félicitations peuvent cacher une question, une ironie. Comme nous supposons les autres faits de la même étoffe que nous, il nous paraît peu naturel qu'ils s'oublient pour nous produire. Les premières fois, notre amour-propre est flatté d'une telle condescendance; mais, avec un peu d'expérience, on s'en dégoûte, parce qu'elle nous fait craindre un piége ou qu'elle sent son protecteur : et nous savons qu'on accorde plus facilement sa protection que son amitié.

VIII. *Colère.*

Encore est-il naturel que nous épargnions aux autres le soin de s'occuper de nous, puisque nous nous méfions d'eux. Mais dans la colère, quand nous n'avons rien à ménager, et que d'ailleurs nous ne produisons que leur personne et non la nôtre, ne semble-t-il pas que nous devions avoir toute liberté? Il n'en est rien. Tout homme maître de lui empêchera avec soin sa colère de faire explosion. — Par prudence, dira-t-on. — Sans doute, mais aussi par fierté.

Exprimer à quelqu'un son indignation, c'est lui montrer une faiblesse, lui faire l'aveu de la peine qu'il nous a causée, c'est enfin lui donner une marque d'estime, puisqu'on espère l'émouvoir et le ramener par des reproches. D'ailleurs, s'emporter et menacer inutilement est une humiliation pour nous, et pour notre ennemi un triomphe. C'est pourquoi la colère, ou du moins l'emportement, disparaît avec l'âge; parce qu'on estime moins les hommes, on compte moins sur l'effet des paroles et des raisons, et l'on s'habitue à calculer froidement sa défense ou sa vengeance.

Au fond, notre humeur ne change pas, mais la réflexion prend peu à peu le dessus : on parvient sans trop de peine à étouffer l'émotion et à calculer où vont nos démarches. Le sang-froid, la présence d'esprit n'est que l'habitude de comprendre qu'il faut en toute occasion comprimer son premier mouvement et songer à son rôle; et cela dépend moins qu'on ne le croit de notre humeur. Il suffit de s'être dit une bonne fois que la raison nous défend mieux que la passion. La gasconnade ou la gasconnerie, cette vivacité qui nous pousse trop loin et nous met dans la nécessité de revenir, n'est pas le défaut d'une seule province : tout homme est nécessairement gascon, chez qui le tempérament domine la raison.

IX. *Bienveillance.*

Enfin, notre bienveillance pourra-t-elle au moins s'exprimer librement? Ne prendrons-nous pas le droit de témoigner une affection sincère? Pas davantage. D'abord, la véritable amitié paraît aux actes plutôt qu'aux protestations, et, sur ce point, nous supposons à nos amis la même circonspection qu'à nous. Mais, dussent-ils même accepter sans défiance notre amitié, nous craindrons que trop d'empressement ne la ravale et ne lui ôte son prix. D'ailleurs, nous savons qu'il faut toujours se faire un peu désirer et attendre, parce qu'on nous sait moins de gré de ce que nous avons accordé qu'on ne nous tient compte de ce que nous pouvons encore refuser.

Ainsi, une contrainte impitoyable nous poursuit sans cesse pour contenir et souvent réprimer l'élan des plus douces affections. Ainsi, dans les détails les plus vulgaires de la vie, il faut lutter et pratiquer bon gré mal gré la loi du sacrifice. Je me borne ici aux principaux traits : il n'est point nécessaire de compléter un pareil tableau. D'autres l'ont tracé avant moi et mieux que moi ; et quand je serais le premier, je n'aurais garde de m'en faire gloire, bien persuadé que les hommes savent peu de gré à ceux qui leur révèlent des vérités affligeantes.

X. *Opinion publique.*

Terminons par une observation d'une autre nature. L'exemple le plus frappant, le plus beau, le plus consolant à considérer de l'influence de la politesse, se trouve dans l'opinion publique. Je n'entends point par là : *ce que tout le monde pense;* car peut-être alors il n'y aurait pas d'opinion publique. Beaucoup ne pensent rien ; les autres pensent des choses si différentes qu'on ne pourrait guère désigner leur opinion par un seul mot. Mais ce que nous appelons opinion publique est moins ce que tout le monde pense que ce que tout le monde dit, ou est forcé de dire devant les autres, tout haut. C'est là, je le répète, le plus beau triomphe de cette discipline qu'impose la raison sur la passion de l'individu.

Je ne veux pas exagérer la corruption de l'espèce humaine : mais enfin il y a des hommes de rien, des hommes sans honneur et sans âme, qui n'aiment rien, n'estiment rien, et méprisent l'honnêteté comme un trait de sottise ; qui vendraient, comme on dit, leur âme pour une pièce d'or. Eh bien ! réunissez-moi vingt de ces coquins à face humaine, et jetez au milieu de leur conversation l'exemple d'un homme qui s'est dévoué à son honneur, à sa famille, à son pays ; il n'en est pas un qui, au fond du cœur, ne prenne en pitié son héroïsme ou plutôt sa folie ; mais tous s'empresseront d'exalter ses louanges, chacun d'eux sera forcé de cacher sa propre méchanceté et d'affecter un sentiment qu'il n'a pas. Nous avions vu jusque-là la politesse nous garder contre la malignité des autres ; nous la voyons ici forcer le vice à *rendre hommage à la vertu*, et faire du devoir une nécessité.

Ainsi, ce que les uns font par raison, les autres le font par calcul, mais enfin ils sont forcés de le faire, et l'ordre de la société se maintient en partie par cette hypocrisie.

XI. *De la pratique de la politesse. Jeunes gens. Leur répugnance à s'y plier.*

S'il existait un être étranger à l'humanité, qui pût voir, sans en connaître le but, toutes ces manœuvres secrètes de l'amour-propre ; il nous prendrait à coup sûr pour des singes de l'espèce la plus grimacière, et ne concevrait guère que nous puissions les pratiquer sans en rougir. Cependant personne n'en rougit, et à bon droit : même on s'y conforme d'autant mieux qu'on a plus de lumières, et plus d'expérience de la vie et de la société.

L'habitant des villes y est plus docile, et plutôt que celui des campagnes, parce que, ses relations étant plus multipliées et moins directes, son expérience est plus précoce et plus complète. Chez les anciens la nature semble se produire sous des formes plus naïves que chez nous; comme si le monde, à mesure qu'il vieillit, se formait mieux à cette triste science.

Il est facile d'observer la même différence entre les différents âges de la vie. A vingt ans, quand on n'est pas un vieillard-né, quand on a un peu de naturel, et, comme on dit, un peu de sang dans les veines; on s'indigne de cette contrainte, on aurait honte de s'y soumettre. Alors tout est vie, ardeur, illusion; la décence paraît inutile, la pudeur ridicule. Quand la sève bouillonne en nous, quand toutes les forces de la vie s'éveillent, que la violence des appétits de la nature subjugue notre raison, et que toutes les jouissances nous enivrent; quand notre âme est charmée de tant d'impressions nouvelles, de tant d'images séduisantes qui lui promettent le bonheur; le moyen alors qu'on se contraigne un seul instant, ou que l'on songe à rougir! le moyen d'être froid et réservé, et de concentrer en soi-même tant de projets, tant d'espérances, tant de sentiments impétueux! L'on n'a point encore appris la défiance, et l'on se la reprocherait comme une bassesse. C'est un bonheur, au contraire, de se livrer aux autres. Comme on n'est point encore mêlé réellement aux intérêts du monde; comme on ne vit, en quelque sorte, que par l'imagination; on n'a rien à compromettre; on ne connaît ni l'ambition, ni l'envie, ni la défiance. On se plaît à la familiarité; on aime la plaisanterie et même le persifflage, parce que tout cela est liberté et confiance, et qu'il offre l'image et semble donner la preuve de l'amitié.

Cependant le temps et l'expérience changent inévitablement ces dispositions. L'usage du plaisir en éteint l'ardeur: nos folles espérances et nos amitiés trahies nous enlèvent notre confiance dans les hommes et dans les choses. Enfin, il vient un moment où il faut se modérer, se conduire, se garder.

C'est un moment douloureux que celui où l'on se voit forcé de renoncer aux illusions de la première jeunesse. Encore, si en perdant l'insouciance, qui est le sommeil de l'esprit, on pouvait conserver au moins la confiance et l'amitié, qui sont le repos du cœur! Mais non, il faut s'en séparer: il faut s'imposer cet effort douloureux de vieillir avant le temps, et perdre la jeunesse avant les années! Il faut se mettre en garde contre les autres, et surtout contre soi-même! Il le faut; sinon, vous serez éternellement la proie des plus vils des lâches, la dupe et la risée des derniers des sots. Un misérable d'un esprit borné, mais d'un cœur froid, aura toujours l'avantage sur celui qui ne se garde pas. Votre franchise, votre générosité, cette confiance de la jeunesse qui est si touchante et qui devrait être sacrée, votre esprit même, seront les armes dont il se servira pour vous frapper, et l'indignation d'une première trahison, en vous ôtant le sang-froid, vous en préparera une seconde.

Tôt ou tard nous sommes donc forcés d'apprendre la discipline de la vie, et de la pratiquer quoi qu'il en coûte. On finit par réprimer cette expansion, ce désir de bienveillance, qui nous livre, qui nous rend gauches, timides, fiers, susceptibles, emportés. L'indifférence nous préserve de toute trahison, et de plus elle nous garantit de la haine qui couvre souvent le désir de l'estime.

Il n'est sûrement personne; je dis aucun homme un peu généreux, qui se range de lui-même à cette loi, et sacrifie spontanément la plus naturelle et la plus douce de toutes nos libertés. La nécessité seule peut nous enseigner un devoir si pénible. Les hommes d'un naturel froid et égoïste s'y font plus vite que les autres. Les natures généreuses résistent davantage : on conçoit qu'ils ont plus à faire pour se vaincre et plier. De cette façon leur supériorité est d'abord pour eux un principe de faiblesse. Il faut long-temps pour que l'expérience les dompte et les assouplisse; et leur esprit roulant dans un cercle plus vaste ne peut l'achever aussi vite. C'est là une nécessité inexorable. Plus on a de forces, plus il faut d'épreuves pour les développer : tel est le prix dont il faut payer la gloire et le génie. Les circonstances peuvent les rendre moins cruelles ou moins longues : rien ne peut les remplacer. Celui à qui elles manqueraient s'ignorerait lui-même, et serait comme un soldat très-brave qui n'aurait jamais couché que dans la caserne et tiré qu'à la cible. Mais lorsqu'après un apprentissage souvent pénible il a compris qu'il fallait se ranger à cette loi de la prudence humaine ; alors il quitte l'innocence pour la vertu, et sait mettre dans sa politesse ce naturel, cette dignité que l'homme de bien met à l'accomplissement de tout devoir, et qui lui ôte ce qu'elle peut avoir de triste et de blessant. Chez lui la défiance à l'égard des hommes s'allie à l'amour de l'humanité, et par là sa politesse plaît encore. Chez l'homme vicieux elle est maussade et triste, parce qu'elle annonce trop ouvertement la haine et la méfiance, c'est-à-dire l'égoïsme et la bassesse.

CHAPITRE VI.

DE LA DISCIPLINE DANS LA VIE PUBLIQUE.

———

*1. Indocilité à l'égard des lois. Pourquoi l'obéissance
plus facile chez les anciens.*

Enfin, bien ou mal on obéit; et il n'en est guère
qu'un petit nombre qui demeurent éternellement
indociles, et qui vieillissent enfants, par brutalité,
par petitesse d'esprit. Ils s'humilient de cette contrainte comme d'une faiblesse, et ne voient pas

qu'elle est faite au contraire pour protéger toutes les faiblesses, pour sauver toutes les humiliations, et que, sous le niveau commun qu'elle établit, disparaissent toutes les inégalités de fortune, de rang, d'éducation, et même d'esprit! Mais, enfin, ceux-là sont l'exception; tandis que la désobéissance semble être la règle à l'égard des lois.

Quelle est donc cette loi dans la loi à laquelle on se soumet si bien, tandis que la loi elle-même nous trouve si difficiles? C'est que nous savons pourquoi nous obéissons, et quel est le prix de notre obéissance, parce qu'elle touche à notre personne directement, sans intermédiaire, sans complication.

Au contraire, les lois de l'État étant plus générales sont, en quelque sorte, placées plus loin de notre vue, et le rapport qu'elles ont à notre personne nous échappe facilement.

Chez les anciens, les états étant plus petits, les rapports plus simples et moins nombreux; on voyait, pour ainsi dire, de plus près la patrie et l'intérêt que chacun avait à la défendre. Aussi l'on acceptait sans murmurer des sacrifices énormes.

II. *Devoir de l'autorité. Persuader qu'elle est juste.*

Le meilleur moyen de persuader l'obéissance est donc de montrer qu'elle est juste. Ajoutons que, si c'est là la meilleure tactique de l'autorité, c'est aussi son premier devoir et son premier intérêt. En laissant croire à des hommes qu'ils sont opprimés, on les opprime réellement, puisque l'essence de la liberté n'est pas tant dans la condition même de l'individu que dans la manière dont il y arrive, et l'opinion qu'il en a. Or, opprimer c'est s'affaiblir. L'homme dont on fait un esclave, on le corrompt, et on s'en fait un ennemi : on s'affaiblit donc de deux manières à la fois ; et la tyrannie se détruit elle-même en détruisant la liberté.

III. *Fermeté.*

Mais, quand celui qui exerce l'autorité a fait ce qui dépendait de lui pour la rendre douce et facile ; il ne lui reste plus d'autre devoir à remplir que celui d'être ferme et absolu. Je n'entends nullement par ce mot d'*absolu* définir l'étendue de l'autorité : elle se détermine d'elle-même par la force des choses et selon les besoins des temps ; je veux dire seulement que, dans ces limites, elle doit s'exercer avec un despotisme absolu.

D'abord, cette répugnance naturelle que nous avons à nous contraindre nous fait saisir avec empressement les occasions d'échapper à l'autorité, quelque éclairés que nous soyons, du reste, sur nos vrais intérêts ; de sorte que, si l'autorité ne nous force à obéir, on est sûr que personne n'obéira : dès-lors reparaîtra par le désordre la pire de toutes les tyrannies. Toute tyrannie est cruelle assurément ; mais on peut enfin par timidité, par amour du repos, se résigner à sacrifier quelques-uns des droits de l'homme, pourvu que l'on sache une fois pour toutes ce que l'on sacrifie. C'est une espèce d'ordre dans le désordre, et qui permet de calculer enfin à quel prix on pourra acheter sa sécurité.

Or, là où une autorité est obéie, si injuste et si violente qu'elle soit, elle a toujours quelque intérêt à se renfermer dans certaines limites et à devenir presque tolérable. La tyrannie qui naît du désordre est intolérable, effroyable, parce qu'elle est illimitée. Chacun a autant de tyrans qu'il a de voisins plus forts que lui. Toutes leurs passions, leurs moindres caprices, amènent l'oppression : on la souffre en toute chose et à toute heure, sans pouvoir ni la désarmer par sa soumission, ni l'adoucir par sa patience. Elle est donc affreuse, parce qu'elle est illimitée et implacable, parce qu'elle vient de partout sans trève ni repos.

IV. *Impopularité de la faiblesse.*

Ainsi, la faiblesse amène inévitablement la plus cruelle tyrannie, et le devoir de l'autorité est d'être ferme pour être juste. D'ailleurs, elle n'a pas de meilleur moyen de se faire aimer. On ne peut faire un calcul plus faux que celui de rechercher la popularité par la complaisance. La popularité est une noble ambition : quand on fait le bien, on a le droit d'en attendre pour prix l'affection des hommes ; mais cette affection doit commencer par l'estime. Ils en avertissent eux-mêmes ceux qui les gouvernent, quand ils assemblent dans le mot *respect* l'idée de vénération et celle de crainte. Ce n'est pas en caressant leurs vices et leurs caprices qu'on parvient à les rendre dociles ; et là comme ailleurs le devoir serait encore le meilleur calcul.

D'abord, on défend bien ce qu'on aime bien. Ne pas défendre vigoureusement les prérogatives de l'autorité, c'est ne pas aimer le droit de tous qu'elle représente. La Rochefoucauld a dit avec raison que la faiblesse est plus opposée à la vertu que le vice. En d'autres termes, il n'y a de bons que les forts, et jamais une nation n'accordera à un homme faible ni son estime ni son affection. Et comment pourrait-on supposer qu'il les mérite ? S'il n'a pas le cœur de faire respecter la loi qui est l'intérêt de tous, c'est qu'il y est indifférent, qu'il est incapable de vouloir le bien : sa complaisance est un vice et non une vertu. S'il abandonne les intérêts des autres, c'est qu'il n'aime que lui-même.

D'ailleurs, l'homme qui se montre faible et irrésolu dans l'exercice de l'autorité semble douter de son droit. Il s'excuse de commander comme si c'était une usurpation ; il nous demande l'obéissance comme une faveur. C'est donc à sa personne qu'elle s'adresse, et elle devient pour nous affaire de complaisance : nous pouvons la mesurer sur nos convenances et notre caprice. Ce que nous accordons, nous avons droit de le refuser, et nous le croirons toujours assez bien payé avec ce qu'il tient. Si peu qu'il exige, nous sommes libres de trouver qu'il exige trop. Ainsi, plus il cède de son droit, plus il augmente notre répugnance à nous soumettre ; et si enfin, lassé de concessions, il veut essayer un langage plus ferme, nous crierons à la tyrannie, et nous serons humiliés d'obéir, parce qu'il a dépouillé d'avance son autorité de tout ce qui pouvait la rendre respectable et sacrée.

V. *Avantages de la fermeté.*

En effet, ce n'est pas l'obéissance qui coûte, c'est la nature de l'obéissance. On se soumet volontiers à la loi ; mais la faiblesse efface la loi et ne laisse voir que la personne. La fermeté, au contraire, coupe court aux hésitations de l'amour-propre. Elle ne nous laisse pas le temps de marchander avec l'homme, et nous montre tout de suite le principe. Alors l'instinct de l'autorité se confond aux yeux des peuples avec la passion du bien, et la reconnaissance se mêle en eux au respect. L'homme qui aura le cœur assez haut pour exercer ainsi l'autorité pourra s'attribuer impunément les plus magnifiques prérogatives, et dire : *l'État, c'est moi!* Les peuples, loin d'en être humiliés, n'y verront qu'une fierté magnanime, et ils se prêteront volontiers à tout ce qui peut rendre l'autorité respectable, parce qu'en même temps leur obéissance devient plus facile.

Il est même digne de remarque que c'est en exagérant leurs prérogatives, en exigeant des hommes plus qu'ils ne devaient, que certains ont obtenu une obéissance et un dévouement absolus. Dédaignant de discuter leurs droits et s'entourant de mystère, ils ont réussi à rendre leur personne vénérable et sacrée, comme si le mensonge et l'exagération devaient s'imposer aux hommes mieux que la vérité.

Par le fait, discuter son droit, c'est le soumettre à l'opinion des autres, et par conséquent les autoriser à préférer la leur. En dédaignant leur consentement et s'imposant au nom d'un droit surnaturel, on a l'air de parler de haut, parce qu'on parle de loin. Voilà pourquoi Mahomet joue l'in-

spiration, fait des miracles, et commande l'obéissance le sabre à la main. L'instinct des hommes va
quelquefois au-devant de ces mensonges et de ces
calculs, et entoure d'un prestige merveilleux la
personne de celui qui leur impose. Bon nombre
de soldats d'Égypte croyaient très-sincèrement que
Napoléon Ier avait guéri des pestiférés à Jaffa.

Mais, enfin, toutes ces inventions ne sont point
nécessaires dans un siècle de civilisation; il n'y est
plus besoin de *courber la machine à la terreur* :
l'ascendant d'une volonté ferme et éclairée suffit
pour faire respecter les lois.

VI. *Effets de la discipline.*

Arrivés à ce point, l'autorité s'adoucit pour
nous peu à peu, par cela seul que nous ne songeons plus à la discuter. Nous oublions les personnes, pour ne plus considérer que le devoir : de
cette sorte, l'obéissance devient peu à peu la moralité. Ce n'est point là faire tort aux hommes, ni
exagérer les effets de l'autorité. Tout le monde sait
que l'éducation est incomplète qui ne s'adresse
qu'à l'intelligence ; et qu'il faut agir en même

temps sur la volonté. Notre instinct naturel de paresse nous fait bientôt oublier toutes les leçons, et l'on est sûr de voir avorter tout germe qui n'est confié qu'à l'esprit. Il est nécessaire de former la volonté par la discipline, et de lui imprimer des habitudes régulières qui, à la longue, remplacent l'instinct naturel.

Telle est la loi de notre éducation. Pour ce qui ne concerne que nous, la société laisse à chacun le soin de se former par son expérience, et, pour mieux dire, à ses dépens. Mais, quand il s'agit des choses qui intéressent la société elle-même, il serait périlleux d'attendre si long-temps, et elle nous impose alors son autorité. L'autorité, c'est l'expérience de tous, de même que l'intérêt de tous. Elle donne à chacun une connaissance anticipée et sommaire des choses essentielles qu'il ne connaîtra bien qu'à la longue. Voilà pourquoi je dis que l'autorité qu'on repousse d'abord par instinct, on l'accepte ensuite par raison; que l'obéissance devient peu à peu la moralité; et qu'enfin, plus un peuple est éclairé et moral, plus il doit être docile.

N'oublions pas qu'il s'agit ici d'une autorité juste

autant qu'elle puisse l'être raisonnablement parmi les hommes, et telle enfin que nous l'avons définie.

Si ce qu'elle nous ordonne est juste, nous prendrons ainsi la routine du bien. Or, pratiquer le devoir, même par routine, conduit inévitablement à le comprendre. Nous sommes tout habitude, et quand l'habitude est raisonnable, elle finit par devenir la raison.

VII. *Soldats.*

Nous en avons sous les yeux tous les jours cinq ou six cent mille exemples. Je ne parle pas en l'air : il s'agit de nos soldats. Prenez-moi chacun d'eux avant qu'il ait servi ; vous verrez un lourdaud sans contenance, embarrassé de ses mouvements, qui hésite, qui balbutie et se trouble sous le moindre regard. Eh bien ! il va coucher dans une caserne, prendre un pantalon rouge, faire l'exercice, évoluer comme une marionnette au commandement d'un chef ; et au bout de quelque temps ces habitudes nouvelles, ces occupations si ridicules en apparence l'auront transformé complètement. Votre rustre est devenu un héros, et cet imbécille qui craignait un regard affrontera la mort, et ira, sur l'ordre de son colonel, se placer à la bouche d'un canon.

Et remarquons ici en passant combien aujourd'hui le courage du soldat est plus héroïque qu'autrefois. Dans les luttes corps à corps, la chaleur de l'action faisait de l'adversaire que le hasard nous avait offert, comme un ennemi personnel ; et cette passion passagère, en donnant un attrait de plus au triomphe, contribuait à faire oublier le danger. Ajoutez à cela que l'adresse, la force, le courage donnaient toujours à un homme l'espérance d'échapper. Ici, rien qui nous étourdisse, rien qui dissimule le danger et vienne parer la mort ; il faut la voir en face et de sang-froid, s'avancer à elle par mouvements réglés, en calculant presque le moment où elle nous atteindra, lui marquant la place où elle doit nous frapper, en voyant d'avance où nous tomberons.

Dira-t-on que chaque année le sort désigne à point nommé tout ce qu'il y a de braves dans notre pays ? Non, ils sont ce que nous deviendrions nous-mêmes. Ce mélange de crainte et d'honneur dont se compose la discipline militaire, les transforme promptement, et fait taire la peur devant le devoir.

L'influence de la discipline dans la société est peut-être moins frappante, mais elle n'est pas moins réelle.

La discipline sociale, c'est-à-dire l'autorité, n'agit pas autrement sur les mœurs de l'homme privé. Il est vrai que cette influence n'est ni aussi prompte, ni aussi sensible pour les choses communes; mais l'histoire est là pour nous prouver qu'elle n'est pas moins efficace.

VIII. *Discipline sociale.*

Là où tout le monde fait son devoir, l'on s'attache inévitablement à sa patrie, parce qu'on y trouve partout l'image de la justice. Les sacrifices et le dévouement pour elle ne coûtent rien, parce qu'on sent qu'il n'est pas de bien auprès de celui-là. Ainsi, l'obéissance fait la liberté, et la liberté fait le patriotisme: les plus nobles instincts s'éveillent les uns les autres. Alors la poésie et la philosophie inspirées par ce spectacle retracent les plus belles images de la nature humaine, et n'ont qu'à écouter et voir pour trouver un langage sublime.

Tel est le spectacle qu'ont présenté les sociétés toutes les fois qu'on a vu s'y établir une autorité équitable et forte. Le siècle de Louis XIV et le grand siècle d'Athènes ont été des siècles d'autorité, et voilà pourquoi ils ont été des siècles de lumières, de civilisation et de liberté ; car toutes ces choses marchent ensemble.

IX. *Conclusion.*

C'est ainsi qu'à toutes les époques on a vu les peuples grandir par l'ordre et la discipline. C'est par là que la France s'est fait un rôle si glorieux dans le monde ; c'est par là qu'aujourd'hui il lui est permis d'oublier ses défaites et ses humiliations. La même main qui l'a sauvée du désordre a relevé sa puissance et engagé son drapeau dans une lutte où tout est grand, où tout nous enorgueillit, puisque nous sommes là pour protéger le droit, la civilisation, aussi bien que nos intérêts. C'est pourquoi, aujourd'hui plus que jamais, le respect de l'autorité se confond avec l'orgueil national et le patriotisme ; plus que jamais ce serait une trahison de profiter des bienfaits de l'autorité, et se faire ensuite un jeu de l'affaiblir.

Si j'étais né dans un temps d'oppression, je me ferais un crime de rappeler le devoir de l'obéissance. Non pas que la vérité change avec les circonstances, mais parce que là où un peuple est opprimé, il n'y a d'ordre que dans la liberté. Dieu merci, nous n'en sommes pas à ce point, et c'est à un autre danger qu'il faut pourvoir. Après tant de luttes soutenues pour conquérir ou défendre nos droits, il nous est resté une susceptibilité qu'on doit bien se garder de détruire, car elle est la sauvegarde de notre dignité; mais qu'il faut savoir modérer. Nous sommes assez forts pour ne rien craindre; soyons assez éclairés pour comprendre que, dans la vie publique comme dans la vie privée, tout ce qui peut nous relever à nos propres yeux est au prix du devoir; que toutes les passions les plus généreuses vont dans le même sens que le respect des lois, et qu'enfin, l'ordre résume tout ce qui peut enflammer nos âmes et faire battre le cœur de l'homme : la patrie, la liberté, le progrès.

FIN.

Table des Matières.

Chapitre I. Du droit de commander, ou du principe de l'autorité.
(Pag. 5 — 56.)

I. Il y a nécessairement un principe de l'autorité. On peut le trouver. — II. Ce qui nous empêche de le trouver. — III. Définition du droit en général. — IV. Systèmes admis jusqu'ici. Convention ou droit humain; droit divin. — V. Convention. Etat de nature. M. de Bonnald, Aristote. — VI. Majorité. — VII. Droit de défense. Conséquences de ce droit. Hobbes. M. Proudhon. — VIII. Impossibilité de connaître la convention. — IX. Changements continuels dans les lois. — X. Si l'on peut aliéner sa volonté. — XI. Conséquences morales du système de la convention. — XII. La société est un devoir; perfection de l'homme par la société. — XIII. Définition trop vague du droit de commander. — XIV. Droit de forcer les autres à faire leur devoir. — XV. Principe réel de l'autorité. Du droit de conquête — XVI. Le gouvernement proprement dit est-il de droit divin? — XVII. Convention. Imperfection inévitable. — XVIII. Quel est le meilleur gouvernement? — XIX. Majorité. — XX. De la forme du gouvernement. République, monarchie. — XXI. Des autres objections. Comment elles se résolvent. Conclusion. *La grâce de Dieu et la volonté nationale.*

Chapitre II. De la légitimité des Gouvernements.
(Pag. 57 — 78.)

I. Origine des sociétés : conquête. Des gouvernements : usurpation. — II. De l'état de conquête et d'esclavage. — III. Comment il se perpétue. Les Normands en Angleterre. Les seigneurs féodaux. — IV. Comment l'esclavage s'adoucit. Hilotes, Russes, Turcs. — V. Où finit la conquête et l'esclavage. L'Angleterre. Les Arabes. Indépendance. — VI. Usurpation. Comment elle se légitime. — VII. Que l'oppression d'un peuple par lui-même est impossible. — VIII. Force publique.

Chapitre III. Du devoir. Le devoir est littéralement la vie de l'homme.
(Pag. 79 — 118.)

I. Fausse manière de présenter le devoir. Conséquences. — II. Définition de la vie propre à l'homme. Intermittences amenées par la sensation. — III. La sensation est absolument opposée à la conscience. — IV. La conscience ne subsiste en nous que par la lutte contre la sensation. Travail de cabinet. Fatigue. Rêverie. Sommeil. — V. Bichat; sa définition de la vie. — VI. Développement de l'énergie qui nous est propre, à mesure que la sensation est plus forte. — VII. Travail de cabinet. — VIII. Lutte contre la douleur. Sauvages. — IX. Saint-Arnaud. Le prince Napoléon. Jean de Witt. Socrate. — X. En quoi consiste la vie de l'homme. Que la vie se développe en proportion de l'effort contre la sensation. Gérard le tueur de lions. Condé. — XI. Vie des villes. Vie de village. Exercice de l'autorité. Vie d'étude. — XII. Que la vie ne se mesure pas à la durée. Ce que c'est que vivre beaucoup. — XIII. Résumé des observations précédentes. — XIV. Opinion généralement admise sur la liberté humaine. — XV. L'homme ne peut vouloir que le bien. — XVI. Termes employés. — XVII. Faits. De la colère. Que dans la colère on ne fait pas ce qu'on veut. — XVIII. De l'état extérieur de l'homme en colère. — XIX. Honte. — XX. L'avare. — XXI. Le scélérat.— XXII. En quoi consiste la liberté.— XXIII. Conclusion. Le devoir c'est la vie de l'homme.

Chapitre IV. Du bonheur. Qu'il ne peut être que dans le devoir.
(Pag. 119 — 137.)

I. Que le bonheur n'est pas dans le plaisir. Définition du plaisir. Repos. Plaisir de la douleur. — II. Pudeur. — III. Paresse. La paresse est malheureuse. — IV. Le plaisir est impuissant et malheureux. — V. Passions. Avarice. En quoi heureuse, en quoi malheureuse. — VI. Imperfection du bonheur humain. Stoïciens. — VII. Malheur du méchant. — VIII. Conclusion.

Chapitre V. De la discipline dans la vie privée.
(Pag 138 — 158.)

I. En quoi consiste l'honnêteté de la plupart des hommes. — II. Définition de la discipline. — III. Politesse. Définition. Principe.— IV. Décence et pudeur. — V. De nos relations. Conversation. — VI. Enfants. Jeunes gens. Hommes d'action. Philosophes. — VII. Défiance. — VIII. Colère. — IX. Bienveillance. — X. Opinion publique. — XI. De la pratique de la politesse. Jeunes gens. Leur répugnance à s'y plier.

Chapitre VI. De la discipline dans la vie publique.
(Pag. 159 — 173.)

I. Indocilité à l'égard des lois. Pourquoi l'obéissance plus facile chez les anciens. — II. Devoir de l'autorité. Persuader qu'elle est juste. — III. Fermeté. — IV. Impopularité de la faiblesse. — V. Avantages de la fermeté. — VI. Effet de la discipline. — VII. Soldats. — VIII. Discipline sociale. — IX. Conclusion.

FIN DE LA TABLE DES MATIÈRES.